# CONSTITUIÇÃO E LEGITIMIDADE SOCIAL DA UNIÃO EUROPEIA

MARTA REBELO

# CONSTITUIÇÃO E LEGITIMIDADE
# SOCIAL DA UNIÃO EUROPEIA

ALMEDINA

## CONSTITUIÇÃO E LEGITIMIDADE SOCIAL DA UNIÃO EUROPEIA

AUTOR
MARTA REBELO

EDITOR
EDIÇÕES ALMEDINA, SA
Rua da Estrela, n.º 6
3000-161 Coimbra
Tel: 239 851 904
Fax: 239 851 901
www.almedina.net
editora@almedina.net

EXECUÇÃO GRÁFICA
G.C. GRÁFICA DE COIMBRA, LDA.
Palheira – Assafarge
3001-453 Coimbra
producao@graficadecoimbra.pt

Maio, 2005

DEPÓSITO LEGAL
227488/05

Toda a reprodução desta obra, por fotocópia ou outro qualquer processo,
sem prévia autorização escrita do Editor,
é ilícita e passível de procedimento judicial contra o infractor.

# PREFÁCIO

*A Dra. Marta Rebelo pediu-me que prefaciasse este seu livro. É com muito gosto que acedo a esse pedido.*

*Conheço, ainda do tempo em que a Autora era aluna na licenciatura na Faculdade de Direito da Universidade de Lisboa, o seu entusiasmo pelas questões da integração europeia. Mais tarde, tive-a como Aluna no Seminário de Direito Institucional da União Europeia, que estava integrado no Mestrado em Direito das Comunidades Europeias, na mesma Faculdade, no ano lectivo de 2002--2003. Nesse Seminário adoptei como tema de investigação a Constituição Europeia. E o contributo especial que a Autora deu a esse Seminário consistiu numa reflexão, partilhada com os outros participantes no Seminário, sobre a questão da legitimidade na União Europeia. A qualidade apurada da investigação levada a cabo pela Autora no Seminário levou-me a atribuir elevada classificação ao Relatório que ela apresentou sobre essa matéria.*

*Agora a Autora publica este estudo, que, como refere na Nota Introdutória, consiste num desenvolvimento daquele Relatório.*

*O problema da legitimidade constitui uma das questões mais importantes que a União Europeia, sobretudo desde o Tratado de Maastricht, coloca à Ciência Política (mais do que, propriamente, ao Direito Constitucional Europeu). E a necessidade de o entender bem, e de o explicar melhor, aumentou ainda mais com a redacção do Tratado Constitucional Europeu.*

*Como tentei demonstrar em escrito recente (no manual* Direito da União Europeia, *de 2004, que a Autora cita na bibliografia de que se serviu), encontramos cumulada na União uma tripla legitimidade: a legitimidade da integração, representada pela Comissão Europeia, como órgão independente dos Estados e como representante do interesse geral da União; a legitimidade estadual, isto é, a legitimidade dos Estados, representada pelo Conselho da União Europeia, entendida como câmara federal, isto é, como órgão que representa, no processo da integração, os interesses nacionais dos Estados membros; e a legitimidade democrática, representada pelo Parlamento Europeu, como órgão eleito por sufrágio directo e universal dos povos dos Estados membros. É da dinâmica entre estas três legitimidades que vai avançando o processo de integração e que, concretamente, se vai desenvolvendo quotidianamente o processo de decisão na União. Trata-se de uma dinâmica pré-federal, que, portanto, se aproxima muito da dinâmica que preside à organização do poder político num Estado federal. Com a evolução do processo de integração, as três legitimidades ficarão cada vez mais reforçadas: a Comissão aproximar-se-á ainda mais de um Governo estadual; e desenhar-se-á progressivamente um Congresso federal, bicameral. Esse Congresso será composto pelo Parlamento Europeu, com esta ou outra designação, e pelo Conselho da União. Se o Conselho da União poderá manter, no essencial, a estrutura e a função que hoje tem, de modo a poder continuar a desempenhar o papel de uma câmara federal (à semelhança do Senado norte-americano ou do* Bundesrat *alemão), o Parlamento Europeu terá de ver a sua estrutura e a sua competência profundamente alteradas. Na sua estrutura, ele terá que passar a ser eleito pelo povo europeu (que, como tal, e com poder constituinte próprio, ainda não existe) e não mais pelos povos dos Estados membros, o que é algo de muito diferente, em termos tanto jurídicos como políticos. Na sua competência, ele terá de passar a ter a última palavra no processo legislativo em geral, à semelhança do que acontece com a Câmara dos Representantes, nos Estados Unidos, e com o* Bundestag, *na Alemanha, o que também está ainda longe de acontecer. Isto tudo sem prejuízo de se manter, em matérias concretas, o processo de co-decisão com o Conselho e, porventura, até o poder de veto deste, também aqui à semelhança do que sucede com muitos Estados federais.*

*Este reforço da legitimidade política, assim entendida, na União Europeia, é conatural ao aprofundamento da sua constitucionalização, que, por ora, e como bem nota a Autora, ainda não alcançou a vertente formal da Constituição, entendida esta no sentido estadual.*

*O modo como a Autora apresenta o tema de que se ocupa não segue, nem tinha que seguir, na íntegra, esta metodologia. Mas o seu estudo fornece pistas importantes para a melhor compreensão em Portugal do ambiente que envolve, no plano da Ciência Política, a questão da legitimidade na União Europeia. Assim o leitor dê a este livro a atenção que ele merece e reflicta, com a Autora, nas questões que ela suscita.*

*Lisboa, Abril de 2005*

FAUSTO DE QUADROS
*Professor Catedrático da Faculdade de Direito
da Universidade de Lisboa*

"*A questão que tem vindo a ganhar destaque nos últimos tempos prende-se com a nova «Constituição» desta Europa, que permanece misteriosa para tantos «europeus». Valerá a pena legitimar, assim, o projecto europeu? Já dizia o poeta que «tudo vale a pena, se a alma não é pequena», no seu Mar Português, esse que tem provocado insurreição e violentas críticas ao Tratado Constitucional Europeu.*

*Não estranhe o leitor que uma «fiscalista» aborde este momento constitucional. O labor do Direito Fiscal apela a uma reflexão intensa sobre a questão da legitimidade da União Europeia, pois fornece uma panorâmica privilegiada sobre o processo de erosão da soberania portuguesa ante o Direito da União: o IVA é um imposto de criação e para financiamento europeu; a harmonização fiscal, pela via da tributação indirecta ou mesmo do PEC, vem moldando o nosso sistema fiscal – o poder tributário, pilar do conceito de soberania, há muito que vem sendo absorvido e exercido em Bruxelas.*

*A importância e ambiguidade do momento reclamam informação e reflexão. Porque é que devemos ter, e referendar, uma «Constituição Europeia»? O argumento clássico da contra-corrente é o atentado à soberania nacional. Mas qual a dimensão real da soberania lusa na condução do quotidiano? Pensemos na necessidade da «Constituição Europeia» e no significado de um referendo.*

*A «Constituição». Este momento constitucional pode concretizar uma unificação cujo sentido pré-existe ao Tratado Constitucional. Ou, ao menos, unificar de direito vontades pré-existentes de facto. Não tenhamos ilusões. Admita-se ou não um substrato constitucional (ou constituinte, conforme as teses) a este momento, a soberania do Estado Português diluiu-se há muito em questões maiores ainda do que a definição da ZEE: as nossas fronteiras têm a dimensão de 25 países europeus; a moeda é única, por ora a 12; o PEC é de todos; a segurança é cada vez mais uma tarefa «comum»; o nosso universo jurídico é (quase) um ditado que nos chega aos ouvidos desde Bruxelas; o poder de fazer a guerra é, cada vez mais, conjunto; a organização económica segue o modelo da cartilha de Roma; e os impostos são cada vez menos domínio estadual.*

*Ante a crise do Estado, a ideologia política e internacionalista clássica procurou salvaguardar certos valores estaduais, entre eles – e sobretudo – a soberania. Todavia, a História revela a existência de um legado comum e um sentimento europeu de unificação recorrente: veja-se o Império Romano (que incluía a antiga Constantinopla, a Turquia que hoje tenta a adesão à UE), a comunidade da fé, a ideia de o Ocidente. Esta herança faz de nós um só «povo», ou uma só «sociedade»? No mundo de hoje as valências da solidão são claramente parcas face aos benefícios da integração. Sozinhos, somos Portugal. Juntos, somos 25 países.*

***O referendo.*** *A Constituição contribuirá para a (re)descoberta da UE pelos «europeus» na medida em que estes se apercebam da dimensão do momento. O referendo é promotor do debate e legitimador.*

*Nós, «europeus», seremos individualmente soberanos quando votarmos, em referendo, a ratificação da Constituição Europeia. Não somos, todavia, em todos os predicados do conceito clássico, soberanos como Estado. Sondagens recentemente reveladas neste jornal, revelam que os portugueses não consideram o Estado elemento central da sua felicidade. O Eurobarometro diz-nos que o sentimento «europeu» por terras lusas é diminuto. Sempre me considerei europeia. Nunca vi no binómio Europa/Portugal outra coisa senão um sinónimo. Uma questão geracional ou efeito de formação, quiçá. Juntos poderemos navegar num Mar Novo, como o de Sophia de Mello Breyner. Ao referendarmos a Constituição Europeia, descobriremos se somos um Marinheiro Real, ou um perdido Marinheiro sem Mar."*

A geografia Europeia do «Mar Português»
Marta Rebelo

Diário de Notícias
18 de Novembro de 2004

# A EUROPA DOS 25

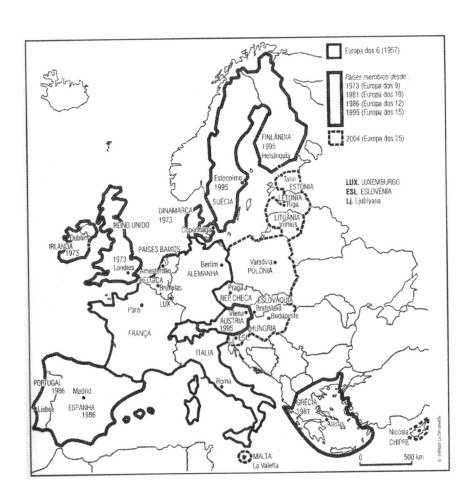

# NOTA INTRODUTÓRIA

*"Como falar hoje da Europa aos europeus? Como fazer entrever que se trata de um contexto importante, vivo ainda que institucional, resolutamente político ainda que de aparência tecnocrática, inscrito na história, apesar do carácter prosaico de certas controvérsias?"* [1].
A partilha de preocupações com Mario Dehove levou-nos a empreender esta aventura pelos campos da ciência política, da história, da filosofia e do constitucionalismo europeu, na tentativa imbuída em entusiasmo europeísta de falar da Europa aos europeus, aproximando-os de uma realidade que julgam distante.

Mais do que uma monografia de carácter eminentemente jurídico-constitucional, o ensaio que ora publicamos acabou por assumir-se como forma de escrita dialogante com autores e sobre temas de quem, e de que, não nos aproximaríamos na nossa vida académica e profissional quotidiana. Não se estranhe, portanto, que uma cultora das ciências jurídico-económicas preste assim tributo à ciência política e ao direito constitucional europeu. A União Europeia não é uma matéria, uma área ou ramo de Direito, mas uma parcela significativa da nossa história, dos nossos valores e dos nossos dias. E, ainda que não tratemos o tema com a sagacidade e ciência dos especialistas nestes saberes, emprestámos à investigação e escrita deste ensaio toda a nossa vontade de aprender a sermos mais europeus. É nosso desejo que o leitor, juntando-se a nós nesta aventura e visitando o estudo que realizámos, empreenda também um processo dialogante, à semelhança da natureza do processo de construção da Europa. O método que seguimos passa pela citação e referência a muitos autores, pois a escrita deste texto obedeceu, precisamente, a tal lógica procedimental de diálogo.

---

[1] *O novo estado da Europa*, Prefácio, Dir. MARIO DEHOVE (Trad. Maria da Luz Veloso), Europa, Campo da Comunicação, 2004, pág. 15.

O tema que seleccionámos corresponde a uma das questões de resposta mais urgente no contexto da União Europeia: a legitimidade social. Relembrando os ensinamentos de Max Weber, a identificação popular com o patamar europeu de governação dos seus quotidianos – a legitimidade social – deverá ser a questão primeira a preocupar os governos e os povos europeus, extraindo deste momento constitucional todas as consequências possíveis no sentido de encontrar a base de sustentação social da União dos Estados Europeus. No entanto, a discussão no seio da Convenção sobre o futuro da Europa, e nas Conferências Intergovernamentais que se debruçaram sobre o projecto *convencional de* Giscard D'Estaing, centrou-se na democraticidade interna das instituições europeias – atitude que concede primazia à legitimidade formal ou democrática, em detrimento da adesão e consenso social.

No esforço de encontrar desenredo para esta crise de legitimidade social, no Capitulo I revistámos um conjunto de noções basilares para o estudo desta temática, dando por adquiridas algumas noções – *v.g.* relativas à teoria da constituição – e assumindo a necessidade de redefinição de conceitos clássicos, nesta era pós-moderna em que o multiculturalismo dita novos paradigmas. No Capítulo II partimos em busca de um povo europeu, que exercite o seu poder constituinte, legitimando e identificando-se, depois, com uma *Constituição Europeia*. Busca redundante, mas que culmina com a identificação de um *demos* sem *ethos*, de um mandato democrático da União e na existência de uma *consciência europeia* rumo a uma verdadeira «europeianidade». Na senda de duas ideias de Europa, edifícios filosóficos de Ortega y Gasset e Jürgen Habermas.

Chegámos, finalmente, à análise do momento constitucional e sua associação à crise de legitimidade social. Encarando este instante como o culminar de um conjunto de *momentos pré-constitucionais* de referência temporal de médio prazo, analisámos as estratégias debatidas no decurso deste processo, detendo-nos na estratégia constitucional resultante do mandato conferido em Nice e que a Declaração de Laeken densifica. Procurámos, no Capítulo III, a finalidade prosseguida pelo "*Tratado que institui uma Constituição para a Europa*", detendo-nos na utilização de uma linguagem constitucional ambígua e no método de aprovação deste instrumento simultaneamente jus-internacional e constitucional. Ainda que o momento constitucional ainda em curso não tenha oferecido à crise de legitimidade social resposta cabal, suficiente para pôr termo à discussão sobre o envolvimento e adesão popular à União Europeia, representa um passo da maior importância para o futuro da Europa. Deste modo, este *"Tratado que institui uma Constituição para a Europa"* não é uma *EUtopia*. Reservamo-nos, todavia, o direito de manter uma *EUtopia* nossa, que não encontra concretização neste Tratado Constitucional e, assim sendo, não abandona o seu carácter utópico. A nossa *EUtopia* realizar-se-á numa verdadeira *Constituição Europeia*. Que materialmente pré-existe – de forma cada vez mais intensa e em reforço crescente – à formalidade socialmente legitimadora.

Explicitado o trajecto que percorremos ao longo desta *aventura europeia*, utilizando como guia um mapa ambicioso, não podemos deixar de referir todos quantos, directa ou indirectamente, percorrem connosco este caminho.

Uma primeira palavra de saudade, tantas vezes exprimida mas nunca suficiente, ao nosso Professor e Mestre António de Sousa Franco. Pela confiança que sempre depositou em nós, achando-nos capazes de feitos que nos pareciam inatingíveis, pelas lições e motivação constantes, ensinando-nos que o pior pecado seria ceder à mediocridade, um obrigado que será, acreditamos, ouvido.

Ao Senhor Professor Fausto de Quadros, orientador do Seminário de Mestrado que viu nascer este escrito de forma embrionária, sempre disponível para as nossas dúvidas e dificuldades, incentivando-nos a procurar fazer continuamente mais e melhor, agradecemos reconhecidamente. Esperando que este ensaio esteja à altura dos Seus ensinamentos.

De igual forma, não podemos deixar de reconhecer o papel fundamental que algumas pessoas desempenham na nossa vida académica e profissional.

Ao Senhor Professor Eduardo Paz Ferreira, junto de quem demos os primeiros passos académicos e profissionais, repetimos a gratidão pelos conselhos, pelas ajudas e estímulos constantes.

Ao Dr. Sérgio Gonçalves do Cabo e ao Dr. Carlos Lobo, impulsionadores de tantas decisões e momentos do nosso percurso, deixamos um grato reconhecimento e oferecemos a nossa amizade, bem como a todos quantos nos acompanharam nos nossos primeiros anos de trabalho.

Deixamos aos nossos confrades de docência, sempre prontos no auxílio e na amizade, um agradecimento especial.

Este ensaio representa uma dívida de gratidão ao Dr. José Tavares, em quem encontrámos um amigo sempre disponível e crente na nossa capacidade e engenho; ao Dr. José Lamego, ao Dr. Filipe Costa e ao Dr. Bernardino Gomes, cuja sensibilidade para as questões da Europa e incentivos permanentes não são alheios ao resultado final que ora apresentamos; ao Dr. Marcos Perestrello, entusiasta da nossa escrita; ao Dr. Miguel Prata Roque, amigo de sempre e, ele sim, cultor do Direito da União Europeia; e ao Dr. João Tiago da Silveira, cuja confiança que em nós deposita suplanta, sempre, a nossa previsão.

Uma palavra, ainda, para o Gabinete onde actualmente desempenhamos funções, que fomenta em nós um estado de espírito de disponibilidade intelectual para esta e outras empreitadas difíceis que nos esperam.

À Almedina, na pessoa do Sr. Eng.º Carlos Pinto, deixamos palavras sinceras de agradecimento pela pronta disponibilidade e aposta na nossa escrita.

Por fim, sendo os últimos sempre os primeiros, esta aventura teria sido impossível sem o auxílio constante de Miguel Poiares Maduro, Professor mas sobretudo amigo. Sem a nossa família – sacrificada primeira pelas ausências dedicadas ao estudo e escrita –, sem os nossos amigos – a nossa «Tertúlia Cultural», temporariamente abandonada –, sem a nossa melhor amiga Ângela Ferreira, cuja amizade ultrapassa tudo, este escrito conheceria, sem dúvida, fim distinto. E ao Pedro, simplesmente e sempre ao Pedro, sem necessidade de utilizar palavras para afirmar o óbvio.

A todos expressamos gratidão. Sem Vós a nossa *EUtopia* seria uma mera utopia, e a escrita deste ensaio não passaria de um projecto desejado. Que seja, agora, de agrado do leitor.

A Autora.

"*É sabido que, no campo das Ciências Sociais, em que o homem é sujeito e objecto, o que se vê (teoria) e o que se deseja (ideologia) não são facilmente separáveis.*"

António de Sousa Franco
Falando na abertura do Colóquio
Internacional *Uma Constituição para a Europa*,
na sua Faculdade de Direito de Lisboa,
Maio de 2004.


Ao meu Professor e Mestre, com saudade
Ao meu Orientador, com reconhecimento
Ao Pedro, com gratidão

# I
# Legitimidade em crise

> *Pourquoi parler de l'Europe, pourquoi écrire sur elle? Pour la faire. Les discours sur l'Europe sont, d'abord, comme le disent les linguiste, performatifs, c'est-à-dire qu'ils annoncent ce qu'ils veulent faire.*
>
> PASCAL ORY
> *Le ravissement d'Europe*

## 1. A crise de legitimidade: porquê uma Constituição Europeia?

A análise que conduzimos e que agora trazemos a palco procura dar resposta a uma questão aparentemente simples: porquê uma Constituição Europeia?

Na verdade, para muitos porquês poderíamos tentar encontrar réplica. Mas aquele que conquistou a nossa atenção cruza a razão de ser d(e um)a Constituição Europeia com a crise de legitimidade que se transferiu do Estado-nação para a União Europeia. Este ponto de encontro marca o início do nosso trajecto.

Delimitado o objecto deste estudo de forma mais rigorosa [2], a interrogação que aqui nos ocupa será a razão de ser da existência de

---

[2] Apropriando-nos do comentário e da citação de JOSÉ TAVARES (*O Tribunal de Contas, do Visto, Em Especial*, Almedina, 1998, pág. 13), a delimitação do objecto deste estudo significa precisamente «*levar em linha de conta*», expressão cuja origem *"remonta aos órgãos que antecederam o Tribunal de Contas. Esta "descoberta" deve-se a VIRGINIA RAU, como esta Autora nos revela na sua obra* A Casa dos Contos, *publicada em 1951 para comemorar o centenária da criação do Tribunal de Contas (1849-1949). A este respeito, a Autora, ao descrever as dificuldades encontradas na sua investigação, informa*

uma Constituição Europeia, à luz do défice de legitimidade social. Não porque a resposta a esta interrogação seja importante para justificar uma vontade ou necessidade de existência da Constituição. Será, no entanto, um precioso instrumento de legitimação de uma União Europeia aos olhos do seu povo – ou será melhor dizer, povos – despedida de tal legitimidade.

A Constituição Europeia que saiu deste longo e exaustivo debate, formal e institucionalmente iniciado na Convenção sobre o Futuro da Europa, e que apenas conhecerá término quando todos os 25 Estados-membros aceitarem este *legado*, terá um carácter legitimador *ex ante* ou *ex post*?

Colocado de forma distinta, a fase de integração que se vive reclama a organização da Europa sob a égide de uma Constituição? Ou, antes, a actual fase de integração solicita que uma organização constitucional confira maior legitimidade à União da Europa, um sentimento de pertença, que sirva de motor a uma continuada e mais profunda integração?

Assumimos como premissa inicial que a segunda hipótese será a verdadeira. Neste sentido, a crise de legitimidade será, ela própria, a razão de ser da Constituição Europeia. Julgamos ser este o resultado de uma evolução histórica ancestral, que nos conduziu não aos Estados Unidos da Europa, mas aos *Estados Integrados da Europa*[3]. Entendemos que este foi o mote de vários momentos pré-constitucionais vividos pela Europa. Será esta, em suma, a questão nuclear do debate constitucional iniciado na Convenção, gravitando em seu torno um conjunto vasto de questões essenciais que temporalmente o ultrapassam.

---

*ter encontrado documentos da Casa dos Contos e exclama: «(...) Mas, são documentos dos Contos! Sim, documentos que tinham sido enfiadas na linha de conta, quando os contadores iam passando os papéis abonadores das verbas registadas nos livros da receita e da despesa dos oficiais de recebimento, trespassando-os com uma agulheta à medida que os verificavam. (...) E daí a tão conhecido locução* não entrar em linha de conta, *ou* entrar em linha de conta, *ser usada nesses antigos tempos para significar que, por duvidoso ou por qualquer outra razão, determinado documento devia ser rejeitado e banido da curiosa pendora contabilística e a verba correspondente não ser carregada em receita ou despesa nos livros apresentados, ou aceite em toda a sua validade» (A Casa dos Contos, Coimbra, 1951, pág. VIII).".*

[3] A expressão é de FRANCISCO LUCAS PIRES, *Introdução ao Direito Constitucional Europeu*, Almedina, 1997.

Assim, nas palavras de Piri, *"o tema da Constituição Europeia tornou-se numa questão extremamente actual e cada vez mais debatido. É por vezes visto à luz comparativa do processo constitucional que teve lugar nos Estados Unidos da América há cerca de duzentos anos, processo que teve por base a criação de um Estado, uma Nação, um Povo. Na mesma linha, alguns pensam que a "Constituição Europeia" deverá ser adoptada como base para o estabelecimento de um futuro Estado Federal Europeu. Entre aqueles – mais numerosos – que pensam que a União Europeia não deverá tornar-se nos "Estados Unidos da Europa", tal Constituição é por vezes vista como ou necessária, ou desejável, de forma a conferir maior legitimidade à União"* [4].

Este escrito move-se, então, por entre alguns dos conceitos basilares da ciência política e do Direito da União Europeia. Como condição prévia a este excurso marcamos o *acquis* sobre o conceito de Constituição, sobre os referentes constitucionais, as experiências federalistas, os elementos constitucionais que se foram sedimentando nos Tratados.

## 2. A União Europeia e a redefinição de conceitos clássicos

Desta forma e antes de recuarmos no tempo, mas não no espaço, de modo a acompanhamos a evolução da sociedade europeia, é vital frisar o tanta vezes invocado carácter *sui generis* da União Europeia, que importa, no plano do Direito Internacional Público e da Teoria do Estado, uma generosa redefinição de conceitos clássicos. Não se trata aqui de apurar a natureza jurídica da União ou do direito que dela emana, embora seja vital frisar, no campo da integração europeia, a *"tensão dialéctica entre o supranacional e o estadual"* de que nos dava notícia Fausto de Quadros, em 1984, na sua tese de doutoramento [5]. O autor escreve hoje, passados 20 anos, que aquando da criação da Comunidade Económica Europeia (CEE), *"a palavra inte-*

---

[4] JEAN-CLAUDE PIRIS, *Does the European Union have a Constitution? Does it need one?*, Harvard Jean Monnet Working Paper 5/00, 2000, pág. 1 (tradução nossa).

[5] *Direito das Comunidades Europeias e Direito Internacional Público, contributo para o estudo da natureza jurídica do Direito Comunitário Europeu*, Almedina, Reimpressão, 1991, em especial pág. 251.

*gração não fora até então conhecida no plano transnacional, porque constituía monopólio do Direito Constitucional interno e da Teoria do Estado, ao dar forma ao conceito de Estado*"[6].

A União Europeia parece ser, então, a resposta dos Estados Europeus a uma contemporânea incapacidade organizativa, que nasce de uma crise de legitimidade do Estado-nação indutora da erosão do conceito clássico de soberania. Interessante é constatar que essa crise de legitimidade se transferiu, a par de uma série de competências e deveres, para esta resposta supranacional.

Situamo-nos num contexto de pretenso neoliberalismo, no âmbito de um sistema fundamentado numa justiça moderna e numa ambiência de multiculturalidade, onde o universalismo ético se relaciona com o relativismo cultural. Uma era marcada pelos avanços científicos e tecnológicos, pela globalização, pela modificação da natureza do Estado como epicentro da ordem jurídica. É a formatação dos novos percursos da humanidade.

No mundo intensa e celeradamente global, não circulam apenas informação, mercadorias e capitais – os modos peculiares de vida universalizam-se com tal amplitude que as consequências surgem no imediato, *maxime*, na diluição da soberania efectiva dos Estados e no consequente crescimento de instâncias supra-estaduais. Paralelamente, intensos poderes unificadores, nomeadamente económicos, são em fontes das maiores desigualdades.

A questão do multiculturalismo refere-se à tensão entre valores próprios de um espaço ou de uma época, e valores universais, comuns à humanidade – trata-se não apenas de multiculturalismo, mas também de interculturalismo.

Quais são, então, as consequências desta nova formatação do percurso universal da humanidade, no plano jurídico? Aumentam as formas de regulação supranacional, que condensam valores de justiça integrados na *reserva ética absoluta*, mas apenas esses, no respeito pelos valores culturais dos Estados e povos. Enquadra-se aqui, de forma clara, a Carta Europeia dos Direitos Fundamentais.

Relativamente aos valores culturais e éticos específicos, assiste-se actualmente à criação de declarações específicas de direitos *"humanos"*

---

[6] *Direito da União Europeia*, Almedina, 2004, pág. 26.

de grupos particulares, seguindo, embora, um processo de diferenciação semelhante ao dos sistemas sociais.

Produz-se, assim, o maior paradoxo da União Europeia, enquanto sociedade policontextual: ao responder à crise de legitimidade do Estado-nação, chama a si essa mesma questão – o problema da legitimidade.

### 2.1. A crise do Estado-nação como processo histórica e culturalmente condicionado – aproximação à compósita sociedade europeia

Aponta António Figueira que o Estado-nação, tal *"como uma estrela que continua a brilhar mesmo depois de se ter apagado"*, é hoje ainda *"o paradigma dominante do pensamento social, determinando o modo como interpretamos o mundo (mesmo que já não o modo como o transformamos), apesar do diagnóstico generalizado da sua «crise terminal» e do advento de um novo «cosmopolitismo»"* [7].

O Estado, na sua acepção clássica e integrando os elementos em que tradicionalmente é decomposto – território, povo/nação e poder político – está em crise [8]. Mas esta *crise* foi anunciada e é debatida desde o início do século XX, relembra Sabino Cassese: primeiro, aquando do aparecimento de organismo poderosos, como os sindicatos e os grupos industriais, colocando-se, então, em causa a soberania interno do Estado; continuou, depois, em crise Estado devido ao desenvolvimento de organizações de Direito Internacional Público, como a Sociedade das Nações – hoje ONU – ou as instituições de Bretton Woods, que teriam o Estado sobre seu controlo; numa terceira acepção, mais recente, esta crise traduz a inadequação das entidades estaduais para dar resposta às exigências das novas formas de cidadania e da sociedade, em geral [9].

---

[7] *Modelos de Legitimação da União Europeia*, Principia, 2004, pág. 31.

[8] Sobre a teoria geral do Estado *vide*, entre outros, REINHOLD ZIPPELIUS, *Teoria Geral do Estado*, Fundação Calouste Gulbenkian, 3.ª edição, 1997. Na literatura jurídica portuguesa, o clássico de MARCELLO CAETANO, *Manual de Ciência Política e Direito Constitucional*, Tomo I, Almedina, Coimbra, 1996.

[9] *La crisi dello Stato*, Editori Laterza, 2002, pág. 3.

Todavia, assumindo que, de facto, o Estado encontra-se em erosão, Cassese define este encadeamento como um processo história e culturalmente condicionado, na medida em que a crise é, actualmente, acentuado na Europa, mas pouco sentida, por exemplo, na América do Sul. Do mesmo modo, na Europa do início do século XX temeu-se pelo Estado em crise, mas a crise é hoje outra, sendo o Estado em apuros absolutamente distinto do modelo do início do passado século. *"Conclusão"*, remata, *"fala-se tanto na globalização, mas, para passar de uma nação para outra, fora da Europa, é necessário um passaporte e uma mão-cheia de moeda local. Phileas Fogg, pelo contrário, vez a sua viagem de volta ao mundo em oitenta dias – segundo o relato romanceado de Verne – com moedas de ouro e sem passaporte"* [10].

Admitindo a crise actual do Estado-nação na Europa, internamente fragmentado em regiões e organismos infra-estaduais, externamente cedendo a sua soberania a uma *"organização pública compósita"*, a União Europeia, que se sobrepõe ao Estado e o condiciona, morfologicamente multinivelada mas tendencialmente convergente para uma forma única e simplificada, o passaporte italiano de Cassese inscreve «Comunidade europeia» a par da designação do país de origem. O que traduz, aponta o autor, um fenómeno de dupla-pertença, reflexo de um fenómeno objectivo e organizacional e de uma renovada esperança na fórmula da *"Respublica"*.

Desta forma, *"«a questão da Europa» resulta da resistência do Estado-nação europeu, assim como das muitas e variadas tentativas de transcender os seus limites, substituindo laços nacionais de lealdade pelo apelo de uma civilização «hushingtoniana» ou de um patriotismo constitucional «habermasiano»"* [11].

Este processo história e culturalmente condicionado de erosão do Estado-nação prende-se, então – e prendeu-se em qualquer dos momentos em que foi debatido – com as finalidades do Estado, e com a sua capacidade, enquanto organização combinada dos seus elementos, para realizar os valores a que se propõe. Na doutrina clássica, estes valores estruturantes seriam a segurança, a justiça e o

---

[10] *Idem...*, pág. 53.
[11] ANTÓNIO FIGUEIRA, ob. cit., pág. 31.

bem-estar social. Quando o Estado, tal como histórica e culturalmente instituído, não alcança de forma ideal tais fins, encontra-se, realmente, em crise. E, enquanto realidade evolutiva, o Estado europeu evolui e transforma-se numa nova realidade. Como sempre sucedeu, aliás [12] [13].

Entre nós, a *"crise do espírito europeu"* tem sido inúmeras vezes invocada, entre outros, por Paulo de Pitta e Cunha [14]. O autor conjura a convicção da obsolescência do Estado-nação como fonte de revigore do credo federalista, de há alguns anos a esta parte. Partilhamos com o mui ilustre Professor de Lisboa a impressão provocada pelo contraste *"entre o êxito das fórmulas de integração de raiz económica e as dificuldades que têm rodeado as iniciativas de aprofundamento da integração política"* [15]. No entanto, e salvo o devido respeito, não associamos o federalismo à crise do Estado-nação. Ou, dito de forma distinta, não cremos que o federalismo seja a resposta europeia única à crise do Estado-nação e o impulso imprescindível à integração política. Preferimos encarar a crise do Estado-nação, associado ao momento constitucional que se vive, como mote para a sempre fértil imaginação dos cientistas sociais e dos práticos da vida política, na criação de algo mais semelhante a uma «rede constitucional», *"de tipo novo, não confundível com uma ideia de super-Estado"* [16]. Ainda que, no futuro, o federalismo triunfe, tal dia apenas poderá surgir num outro momento constitucional.

---

[12] Vide JORGE MIRANDA, *Manual de Direito Constitucional*, Tomo I, 9.ª edição, Coimbra Editora, 2004, pág. 74 e segs.

[13] Nas palavras de PETER BADURA, *"a evolução da cooperação entre os Estados membros, regulada por um tratado, para um novo estilo de federação e para uma comunidade jurídica com poder público e uma ordem jurisdicional autónomos tem a sua origem nas lacunas dos Estados nacionais. O princípio motor e a legitimidade da união resultam do facto de o Estado, pela mera mobilização dos seus recursos vitais, ser incapaz de salvaguardar e garantir a liberdade, a justiça e o bem-estar, devido ao desenvolvimento económico e político na Europa e às relações globais"*. ("A "Identidade Nacional" dos Estados Membros na Constituição da Europa", *Uma Constituição para a Europa*, Prefácio, Instituto Europeu da Faculdade de Direito de Lisboa, British Council, Goethe-Institut Lissabon, Institut Franco-Portugais, Almedina, 2004, pág. 74).

[14] *A Constituição Europeia, Um olhar crítico sobre o projecto*, 2.ª edição, Almedina, 2004, pág. 91 e segs.

[15] *Idem...*, pág. 91.

[16] GUILHERME D'OLIVEIRA MARTINS, *O Novo Tratado Constitucional Europeu, Da Convenção à CIG*, Gradiva/Fundação Mário Soares, 2004, pág. 12.

## 2.2. A revisitação do conceito de legitimidade e a crise de legitimidade social europeia

Num primeiro momento, podemos definir legitimidade como sendo a *"expectativa partilhada entre actores numa combinação de poder assimétrico em que as acções daqueles que governam são aceites voluntariamente por aqueles que são governados, porque este últimos estão convencidos de que as acções dos primeiros são conformes a normas pré-estabelecidas"* [17]. Ou, no contexto específico da União Europeia, e em revisitação do próprio conceito, a legitimidade passa por *"um maior sentimento comunitário, uma disposição cultural e moral partilhada, suficientes garantias de direitos iguais e a noção, ainda que só minimamente concretizada, da responsabilidade de um por todos e todos por um"* [18].

Ora, o atormentado Estado-nação, forma já imperfeita de atingir os seus fins e cujos mecanismos de legitimação encontram-se, também, em processo de erosão, não pode sustentar, por si só, qualquer forma de legitimidade da União Europeia. A legitimidade, na verdade, *"é algo que não emigra, não se empresta, tão pouco se delega, talvez nem mesmo se compare. E que hoje só pode ser "comprada" aos cidadãos"* [19], pela sua adesão positiva.

Clássico no estudo das *razões da legitimidade* ou dos fundamentos de legitimação do poder político, Max Weber [20] desenvolveu ao longo da sua obra, mas em concreto no seu escrito "Os três tipos

---

[17] PHILIPPE C. SCHMITTER, "O que há para legitimar na União Europeia e como poderá isso ser feito?", in *Cidadania e novos poderes numa Sociedade Global,* Fundação Calouste Gulbenkian, Publicações Dom Quixote, 2000, pág. 63.

[18] FRANCISCO LUCAS PIRES, *Amsterdão: do mercado à sociedade europeia?*, Principia, Cascais, 1998, pág. 8.

[19] FRANCISCO LUCAS PIRES, *Introdução...*, ob. cit., pág. 61.

[20] MAX WEBER, estudioso alemão do direito e das questões da economia moderna, viveu e escreveu nos finais do século XIX e início do século XX. Os seus primeiros trabalhos demonstram de forma clara uma preocupação crescente com a natural complexidade do relacionamento entre as estruturas económicas e os demais aspectos da organização social, preocupação que se revelou constante ao longo de toda a sua vida e escrita, apesar de ter eleito como eixo principal das suas reflexões a economia alemã moderna. Quando escreve *Ética Protestante e o Espírito do Capitalismo*, dois longos artigos datados de 1904 e 1905, WEBER concentra-se simultaneamente no contraste entre as condições de vida dos trabalhadores e as expectativas e aceitação dos padrões tradicionais de deferência para com os seus superiores, bem como na sua paralela atitude de individualismo económico.

puros do poder legítimo"[21], a sua famosa tripartição do poder: *"se o Estado moderno, como todas as associações políticas que o precederam, é uma relação de poder de homens sobre homens, assente no meio da presumida violência legítima, em que motivos internos de justificação se baseia para assim se apresentar?"*[22].

Ao procurar estabelecer uma taxinomia conceptual das mais importantes relações sociais e das formas de organização social mais inclusivas, Weber colocou o assento tónico na *probabilidade*, uma vez que a eventualidade de que o actor social, ou uma pluralidade de actores sociais, dirijam as suas acções num determinado sentido, radica sempre numa probabilidade.

Assim, distinguindo dois níveis de uniformidade e durabilidade das condutas, o *uso* e o *costume*, Weber concluiu que, uma vez que a uniformidade da conduta surge indubitavelmente associada ao interesse individual, as relações sociais serão tanto mais instáveis quanto se ergam sobre *usos*, ou sobre *costumes*. Os primeiros correspondem a uma uniformidade na actuação social, mas baseando-se a probabilidade de existência de tal constância no seio de um grupo ou comunidade

---

O espírito do capitalismo moderno reside então nessa combinação única e na crença no valor de uma performance eficiente cujas origens residem numa vocação escolhida como dever e virtude. A ética protestante surge como um trabalho programático: as origens do espírito capitalista encontrar-se-ão nessa ética religiosa que se desenvolve, necessariamente, no seio do protestantismo, mais concretamente do calvinismo.

Ainda que demonstrando um padrão de evolução e maior abrangência, a sua escrita permaneceu fiel aos problemas que especificamente ocuparam os seus primeiros trabalhos empíricos, documentando uma luta para destruir as convenções intelectuais da tradição jurídica, económica e histórica em que ele próprio havia sido educado. Surge então *Economia e Sociedade* que, salienta ANTHONY GIDDEN, faz parte de um trabalho de larga escala sobre diferentes aspectos da economia política: *"Weber tenciona que a sua contribuição seja um prelúdio a estudos mais especializados escritos por autores que com ele colaboraram"*, incluindo-se nesta colecção de volumes contributos de SOMBART, MICHELS, ALFRED WEBER E SCHUMPETER (*Capitalism & Modern Social Theory, An analysis of the writings of Marx, Durkheim and Max Weber*, Cambridge University Press, 25.ª edição, 2003, pág. 145. A tradução é da autora). Weber acabaria por ficar na história do pensamento político devido aos seus preciosos contributos na análise da relação entre legitimidade, constituição e política, estabelecendo a clássica distinção tripartida entre os tipos de poder e a legitimação política.

[21] Este ensaio foi publicado, a título póstumo, por MARIANNE WEBER, em 1922, com o subtítulo *"Um estudo sociológico"*.

[22] ARTUR MORÃO, na "Advertência" a um conjunto de escritos que traduz de Max Weber: *Três Tipos de Poder e outros Escritos*, Tribuna da História, Janeiro, 2005, pág. 10.

apenas na prática desse mesmo grupo. Já o costume corresponde a um simples uso estabelecido há muito tempo, uma conduta que, apesar de não colher nem aceitação, nem censura, por parte dos demais membros da comunidade, é habitualmente seguida por um ou vários indivíduos. Em rigor, as formas de relacionamento e organização social mais estáveis são aquelas em que a subjectividade inerente às condutas dos indivíduos participantes é orientada no sentido da crença numa *ordem legítima*. Nas palavras do próprio Weber, "*o poder, isto é, a possibilidade de encontrar obediência a uma ordem determinada, pode assentar em diferentes motivos de acatamento: pode ser condicionada apenas pela situação de interesses, portanto, por considerações teleológico-racionais das vantagens e desvantagens por parte de quem obedece. Ou, além disso, mediante o simples "costume", pela habituação monótona à acção tornada familiar; ou pode ser justificada pela tendência puramente afectiva,* simplesmente *pessoal do governado. Um poder que se baseasse* apenas *em semelhantes fundamentos seria relativamente lábil. E nos governantes e nos governados, o poder costuma antes assentar internamente em* razões jurídicas, *razões da "sua legitimidade", e o abalo desta fé legitimadora costuma ter consequências de vasto alcance*"[23].

Assim, a afamada tripartição Weberiana do poder e suas razões, baseada em justificações internas e fundamentos legitimadores diversos, apresenta os seguintes tipos:

    1) o **poder tradicional**, assente na fé e na santidade dos ordenamentos e dos seus senhores, na autoridade do "*eterno ontem*", que encontra nas realezas antigas e nos regimes patriarcais a sua concretização histórica, fruto do rumo consuetudinário da humanidade[24];

---

[23] MAX WEBER, *Três Tipos...*, ob. cit., pág. 19.

[24] De acordo com WEBER, nos tipos de organização social em que o poder tradicional prevalece, "*a associação de poder é a agremiação, o tipo de quem manda é o "senhor", o corpo administrativo são "servidores", os que obedecem são os "súbditos". Obedece-se à pessoa por força da sua dignidade própria, santificada pela tradição: por piedade. O conteúdo das ordens é vinculado pela tradição, cuja violação inconsiderada por parte do senhor poria em perigo a legitimidade do seu próprio poder, que assenta apenas na sua santidade. Criar um novo direito em face das normas tradicionais surge, em princípio, como impossível. Na realidade, tem ele lugar mediante o "conhecimento" de uma proposição*

2) o ***poder legal***, fundado na validade estatutária das leis criadas no contexto de uma racionalidade objectiva da qual dimana a "competência", condição de obediência e legitimação do poder [25];

3) o ***poder carismático***, originário nas qualidades pessoais e especiais de determinado indivíduo, no seu carisma, assenta no chamamento interior *in toto*, e na ideia de "vocação" do carismático líder, o *"eternamente novo"* [26].

Na construção de Weber, é especialmente interessante – e revelador do seu eterno regresso às suas *raízes científicas* – frisar que esta análise dos fundamentos legitimadores do poder enquadra-se no âmbito maior da parametrização do processo evolutivo do Estado

---

como *"valendo desde sempre" (através da "profecia"). Pelo contrário, fora das normas de tradição, a vontade do senhor está vinculada apenas por limites que o sentimento de equidade traça no caso singular, portanto, de modo extremamente elástico"* (ob. cit., pág. 22).

[25] Nas palavras do autor, *"o tipo mais puro é o poder burocrático. A ideia fundamental é que, através de um estatuto arbitrário formalmente correcto, se podia criar qualquer direito e alterar «opcionalmente o existente». (...) O corpo administrativo consiste em* funcionários *nomeados pelo senhor, os súbditos são* membros *da associação ("cidadãos", "camaradas"). Não se obedece à pessoa, em virtude do seu direito próprio, mas da* regra *estatutária que determina a quem e enquanto se lhe deve obedecer.(...) O tipo daquele que ordena é o " superior", cujo direito governativo é legitimado pela* regra *estatutária, dentro de uma "competência" objectiva, cuja limitação se funda na especialização segundo a teleologia objectiva e segundo as pretensões profissionais de desempenho do ofício"* (ob. cit., pág. 20).

[26] Por fim, no âmbito do poder carismático, *"os tipos mais puros são a autoridade do profeta, do herói guerreiro, do grande demagogo. A associação de domínio é a agremiação na comunidade ou séquito. O tipo daquele que ordena é o* chefe. *O tipo de quem obedece "discípulo". Obedece-se, com toda a exclusão, de modo puramente pessoal ao chefe por mor das suas qualidades pessoais, fora do habitual, não por causa da posição estatutária ou da dignidade tradicional. Portanto, também só enquanto estas qualidades lhe são atribuídas: o seu carisma preserva-se mediante a sua demonstração. Quando ele é "abandonado" pelo seu deus, ou despojado da sua força heróica e da fé das massas na sua qualidade de chefia, desvanece-se o seu poder. O corpo administrativo é escolhido segundo o carisma e a dedicação pessoal: não, por contraste, segundo a qualificação profissional (como o funcionário), nem segundo a ordem (como o corpo administrativo estamental), nem segundo a dependência doméstica ou outra dependência pessoal (como, por contraste, o corpo administrativo patriarcal). Está ausente o conceito racional da "competência" e também o conceito de "privilégio", peculiar às ordens. Para o âmbito da legitimação do seguidor ou discípulo indigitado é determinante apenas a missão do senhor e a sua qualificação carismática pessoal"* (ob. cit., pág. 25-26).

moderno, sempre em analogia ao desenvolvimento de uma empresa capitalista. Emergindo e desenvolvendo-se à medida em que formas de poder patriarcal se diluíam em novas formas de poder, o Estado moderno evoluiu para outra forma de poder, legitimado internamente por competências estatutárias e uma "ética de responsabilização"[27].

Ao classicismo da doutrina das três formas de poder legitimidado de Max Weber, contrapõe-se a contemporânea necessidade de revisitar o conceito de legitimidade e suas razões, ante a realidade europeia. Tarefa que apela a novas classificações e distinções no seio da figura maior da legitimidade.

Frise-se, então, que a crise de legitimidade com que nos debatemos nesta análise prende-se com a designada *legitimidade social* – a identificação popular com o patamar Europeu de governação dos seus quotidianos – e não com a *legitimidade formal* – intimamente relacionada com a democraticidade interna nas instituições europeias. Temos, no entanto, a consciência de que a crise de legitimidade no seio da União Europeia é multidimensional.

A União, enquanto figura *sui generis* e de impossível recondução a qualquer das figuras típicas do Direito Internacional Público, encontra-se numa encruzilhada: a legitimidade que tanto busca, deverá encontrá-la nos Estados ou nos povos (ou povo?) europeus?

Entre nós, Guilherme D'Oliveira Martins entende que a legitimidade europeia envolve Estados e cidadãos que, juntos e coexistindo, são o pilar da "*democracia supranacional*", de natureza *sui generis*, apresentando-se "*distinta da democracia dos Estados e de uma mera lógica intergovernamental*"[28]. Só uma arquitectura constitucional edificada sobre a compreensão da dualidade da democracia supra-

---

[27] Na tentativa de entender a exigência ética subjacente à acção política, Max Weber distinguiu a "*ética da convicção*" da "*ética da responsabilidade*", no seu "*A política como vocação*", escrito resultante de uma conferência ministrada em Munique, no Inverno de 1918/19, para cuja leitura remetemos. No entanto, embora alinhando pela "*ética da responsabilização*", Weber concluiu que "*a ética da responsabilidade e a ética da convicção não se opõem absolutamente entre si, devem complementar-se; no seu conjunto, na sua tensão sustentada, devem habitar o homem autêntico, aquele que pode ter "vocação política", que não cede nem à amargura, nem à pura aceitação atolambada do mundo, e que também não foge misticamente para o deserto, antes se firma e se finca no ponto onde a acção o intima*" ("Advertência", do tradutor Artur Morão, *Três Tipos...*, ob. cit., pág. 16-17).

[28] Ob. cit., pág. 9.

nacional europeia, baseada *"em duas legitimidades e duas soberanias – a dos Estados-membros e a dos povos europeus, que envolve a cidadania europeia"*, poderá oferecer aos Estados-membros a legitimidade formal que reclamam, e aos europeus – povos ou cidadãos, adiante veremos – a legitimidade social que torna as demais irrelevantes, porque carecidas de essência e substrato. Estamos, afinal, *"perante uma União de Estados e povos livres e soberanos – que acordaram em partilhar uma parte da sua soberania"*[29].

Noutros termos mas em substancial concordância, David Beetham e Christopher Lord afirmam que estamos, de facto, perante um fenómeno de dupla legitimidade, indirecta e directa. Referem os autores que *"a concepção de **legitimidade indirecta**, baseada no modelo das instituições internacionais, derivada, por um lado, da legalidade, e do reconhecimento por parte de outras autoridades legitimadas, por outro, é insuficiente por si só para legitimar as instituições e decisões investidas de autoridade da União Europeia. Ao mesmo tempo, um modelo puramente tecnocrático de legitimidade directa é inadequado face ao carácter político do processo decisório europeu. Apenas a **forma directa de legitimidade** baseada na legitimidade democrática da validação e legitimação normativa será capaz de assegurar a adesão e lealdade dos cidadãos à autoridade da União Europeia. Serão estes os critérios para uma actuação eficaz e efectiva quanto aos fins acordados, à autorização democrática, à responsabilização e representação, e concordância quanto à identidade e fronteiras da comunidade política, respectivamente"*[30].

Desta forma, a revisitação contemporânea do conceito de legitimidade a que a União Europeia nos conduz, leva-nos à aceitação do *acquis* doutrinário e conceptual em torno desta ideia. Se a Europa politicamente unida apenas encontrará legitimidade se souber construir-se sobre a legitimidade indirecta e directa, sobre a soberania dos Estados-membros e sobre a soberania dos cidadãos, é também *"universalmente reconhecido que a legitimidade formal, sendo essencial,*

---

[29] *Idem...*, pág. 15.
[30] *Legitimacy and European Union*, London and New York, Longman, 1998, pág. 22 (tradução da autora).

*não é suficiente*. Uma União saudável necessita, também, de legitimidade social caso pretenda que o fruto do seu labor decisório seja bafejado com aceitação social generalizada"[31]. Democraticidade sem identificação será, deste modo, uma falácia.

A verdade é que a identificação dos povos europeus com os seus próprios Estados encontra-se em crise, aproximando-se actualmente do *"simples "costume", pela habituação monótona à acção tornada familiar"*, de que Weber nos dava notícia[32]. No entanto, a legitimidade social da União Europeia apresenta níveis de tal forma insatisfatórios que demonstram claramente que não chegámos ainda, sequer, a um patamar de habituação ao fenómeno. Menos ainda a um patamar de identificação.

É este contexto que um momento constitucional pode alterar. Em que medida, é tarefa que nos propomos na parte III deste escrito.

### 2.3. *A crise de legitimidade social e o debate pré-constitucional*

A *consciência constituinte* da União Europeia parece ter sido, desde cedo, o Parlamento Europeu. E é curioso que assim seja, na medida em que esta instituição comunitária acolhe os únicos *participantes activos* no processo de edificação da Europa unida directamente escolhidos pelos europeus. De facto, mas apenas desde 1979, os parlamentares europeus são eleitos por sufrágio universal directo.

Desde a década de 80 – ou seja, logo após a entrada em vigor de um método eleitoral totalmente harmonizado e que permitiu a eleição universal e directa – o Parlamento Europeu tem vindo a desenvolver esforços no sentido de dotar a Europa de uma constituição em sentido formal[33].

---

[31] A. ARNULL, "Introduction: the European Union's Accountability and Legitimacy Deficit", *Accountability and Legitimacy in the European Union*, Oxford University Press, 2002, pág. 4 (tradução nossa).

[32] Ob. cit., pág. 19.

[33] Sobre as várias noções de Constituição, transportadas para a realidade europeia, vide AGUSTÍN J. MENÉNDEZ, "Three conceptions of the European Constitution", *ARENA*, University of Oslo, 2003. Entre nós, JORGE MIRANDA, *Teoria do Estado e da Constituição*, Coimbra Editora, 2004.

O Tratado da União Europeia, de 1984, que ficou conhecido como Tratado Spinelli, foi o primeiro projecto apresentando pelo Parlamento, revelando uma estrutura, conteúdo e procedimento realmente constitucional. Esta primeira *equação constitucional* teve, aponta Carla Amado Gomes, *"como causa directa a alteração substancial operada no modo de designação dos seus membros, que passaram a ser eleitos por sufrágio universal. O Projecto Spinelli é a afirmação de um PE engrandecido pela legitimidade democrática directa dos seus Deputados, que resolve elaborar, à margem de todas as outras instâncias comunitárias, um projecto de Constituição que substituiria os Tratados existentes, a apresentar directamente para ratificação aos Parlamentos nacionais. Nele se previa a criação de uma União Europeia cujos princípios basilares seriam a subsidiariedade e a supranacionalidade, procedendo a uma distribuição de atribuições entre os Estados e a União"* [34].

O projecto Spinelli, demasiado ousado para o Conselho Europeu, acabaria por, malogrado, criar agitação no seio das instituições, culminando no Acto Único Europeu, primeira revisão formal aos Tratados institutivos das Comunidades.

Dez anos mais tarde, em 1994, é aprovada a resolução A3--0064/94, de 10 de Fevereiro: *"o PE propunha-se elaborar o projecto definitivo da futura constituição, mas admitia, num fase prévia, a realização de uma convenção europeia, composta por membros do Parlamento Europeu e dos parlamentos nacionais que estabelecesse as linhas de orientação para essa constituição"*[35]. Esta nova proposta, muitíssimo menos ambiciosa, assumindo-se à partida como solução provisória e, portanto, como mera hipótese de trabalho, conheceria destino semelhante ao caminho do projecto de 1984 [36].

---

[34] *A Natureza Constitucional do Tratado da União Europeia*, Lex, Lisboa, 1997, pág. 73.

[35] ANA MARIA GUERRA MARTINS, *O Projecto de Constituição Europeia, contributo para o debate sobre o futuro da União*, 2.ª edição com as alterações introduzidas pela CIG 2004, Almedina, 2004, pág. 22.

[36] O texto proposto pelo PE em 1994, explica CARLA AMADO GOMES, *"pressupõe todo um procedimento posterior, que envolve a convocação de uma super-assembleia de Parlamentos nacionais e PE (uma espécie de Estados Gerais), que se pronunciariam sobre o Projecto, eventualmente introduzindo-lhe modificações. Sobre o material reunido iria trabalhar um Comité de Sábios, que faria a redacção definitiva do Projecto, o qual seria*

O Parlamento Europeu ganhou, a nosso ver, o estatuto primeiro de *consciência constituinte* da Europa, na medida em que – para além das interpretações e decisões jurisprudenciais do Tribunal de Justiça das Comunidades Europeias [37] – no momento seguinte à sua legitimação política, pelo voto dos cidadãos europeus, tomou como prioridade criar uma constituição europeia em sentido formal. Apesar dos fracassos sucessivos das suas tentativas, a instituição comunitária assumiu, então, desde esse momento, que o modelo internacional sob o qual a Comunidade Económica Europeia – depois Comunidade Europeia – havia sido pensada estava em pré-falência, acabando mesmo por falir.

O permanente revisionismo dos Tratados na década de 90 ditou a falência desse modelo, em nada contribuindo para gerar nos cidadãos a confiança na União e nas suas instituições, vital para uma efectiva legitimidade social do projecto europeu [38]. A partir dos anos noventa, seria o Conselho, e já não o Parlamento, a relançar o debate pré-constitucional.

A Declaração n.º 23 anexa ao Tratado de Nice, versando sobre o futuro da União Europeia, disponha, nos seus pontos 3 a 7:

"*3. Tendo aberto caminho ao alargamento, a Conferência apela a um debate mais amplo e aprofundado sobre o futuro da União Europeia. Em 2001, as Presidências sueca e belga, em cooperação com a Comissão e com a participação do Parlamento Europeu, fomentarão um amplo debate que associe todas as partes interessadas: representantes dos Parlamentos nacionais e do conjunto da opinião pública, ou seja,*

---

*apreciado numa Conferência Interinstitucional em que participariam PE, Comissão e Conselho Europeu. O resultado destas movimentações seria posto à consideração da Conferência Intergovernamental de 1996*" (ob. cit., pág. 74).

[37] *Maxime*, desde o afamado Acórdão *Van Gend en Loos*, de 1963 (caso 26/62).

[38] ANA MARIA GUERRA MARTINS fala de uma "*espécie de «moda» que se gerou no sentido da previsão das próximas conferências intergovernamentais. Foi assim com o Tratado de Maastricht, que ao entrar em vigor, em 1 de Novembro de 1993, previu a convocação de uma CIG para 1996. Conferência essa que veio a dar lugar ao Tratado de Amesterdão, que, entrou em vigor, em 1 de Maio de 1999, e também previu a convocação de outra CIG para 2000. Esta CIG aprovou o Tratado de Nice que, para não fugir à regra, anunciou*" uma outra CIG (ob. cit., pág. 25).

*círculos políticos, económicos e universitários, representantes da sociedade civil, etc. Os Estados candidatos serão associados a este processo segundo formas a definir.*
4. *Na sequência do relatório a apresentar ao Conselho Europeu em Gotemburgo, em Junho de 2001, o Conselho Europeu aprovará uma declaração, na reunião de Laeken/Bruxelas de Dezembro de 2001, que incluirá as iniciativas apropriadas para dar seguimento a este processo.*
5. *O processo deverá abordar, nomeadamente, as seguintes questões:*
   – *Estabelecimento e manutenção de uma delimitação mais precisa das competências entre a União Europeia e os Estados-membros, que respeite o princípio da subsidiariedade;*
   – *Estatuto da Carta dos Direitos Fundamentais da União Europeia proclamada em Nice, de acordo com as conclusões do Conselho Europeu de Colónia;*
   – *Simplificação dos Tratados, a fim de os tornar mais claros e mais compreensíveis, sem alterar o seu significado;*
   – *Papel dos Parlamentos nacionais na arquitectura europeia.*
6. *Ao seleccionar estes temas de reflexão, a Conferência reconhece a necessidade de se melhorar e acompanhar permanentemente a legitimidade democrática e a transparência da União e das suas Instituições, por forma a aproximá-las dos cidadãos dos Estados-membros.*
7. *A Conferência acorda em que, uma vez terminado este trabalho preparatório, será convocada em 2004 uma nova Conferência dos Representantes dos Governos dos Estados-membros, para tratar dos pontos supramencionados, a fim de introduzir nos Tratados as correspondentes alterações."*

Seguiu-se o Conselho Europeu de Gotemburgo de 15 e 16 de Junho de 2001, do qual rapidamente resulta uma inclinação para o sistema de uma Convenção, semelhante ao sistema utilizado na aprovação da Carta dos Direitos Fundamentais, em detrimento do modelo intergovernamental puro. Resulta, de igual modo, um alargamento do leque de matérias que deveriam integrar a reforma proposta em Nice, e que se baseava, então, em apenas quatro pontos.

Chega-se assim a Laeken, onde o Conselho Europeu reuniu em 14 e 15 de Dezembro de 2001, momento pré-constitucional de especial importância, na medida em que a *"Declaração de Laeken sobre o futuro da União Europeia"* levanta a hipótese de que, a breve trecho, a reforma em curso conduziria *"à adopção na União de um texto constitucional"*. Em Laeken, *"os chefes de Estado e de governo dos quinze viriam a fixar as bases da segunda fase do processo de reforma da União. Bases que teriam a ver tanto com o alcance substantivo desta reforma, quanto com o sistema utilizado na sua execução"*, uma vez que as quatro matéria de Nice *"serão largamente desenvolvidas através de mais de sessenta questões concretas que reflectem a vontade dos governos de interpretar o mandato de Nice de um modo extensivo"*, e que *"na escolha do sistema que deveria conduzir à preparação da CIG de 2004, o Conselho Europeu de Laeken decidiu-se finalmente pelo sistema de uma convenção alargada"* [39].

Formou-se, então, a Convenção sobre o futuro da Europa, cuja composição e metodologia não conheciam qualquer procedimento consagrado nos Tratados ou em legislação da União – o artigo 48.º do Tratado da União refere-se, apenas, ao procedimento da Conferência Intergovernamental (CIG) [40]. Em bom rigor, conforme aponta Ana Maria Guerra Martins, *"o grupo autodenominou-se Convenção, fazendo lembrar a Convenção de Filadélfia que elaborou a Constituição norte-americana"* [41].

---

[39] Rogelio Pérez-Bustamante e Juan Manuel Uruburu Colsa, *História da União Europeia*, Coimbra Editora, 2004, pág. 252-253.

[40] Pérez-Bustamante e Colsa dão-nos conta da evolução dos trabalhos no seio da Convenção: *"A Convenção sobre o futuro da Europa começaria os seus trabalhos em 27 de Fevereiro de 2002. O ritmo dos seus trabalhos ficou em certa medida condicionado pela própria declaração de Laeken onde se fixou um prazo de um ano para a sua realização, o que em princípio devia apontar a sua finalização para o mês de Março de 2003. Porém o dito prazo resultaria prolongado sucessivamente nos Conselhos Europeus de Copenhaga e de Salónica até ao mês de Julho do mesmo ano em que se dissolveu a Convenção após 17 meses de trabalhos. Os trabalhos da Convenção dividiram-se em três fases bem diferenciadas, audições, estudo e deliberação, e redacção, estendendo-se cada uma delas por um período compreendido entre os cinco e os sete meses"* (ob. cit., pág. 255).

[41] Ob. cit., pág. 33.

O *"Projecto de Tratado que estabelece uma Constituição Europeia"* é apresentado pelo Presidente do *Presidum* Valéry Giscard D'Estaing ao Conselho Europeu de Salónica, em 20 de Junho de 2003, sendo considerado pelos chefes de Estado e de Governo uma *"boa base de trabalho"* para a CIG que viria a realizar-se em Dezembro do mesmo ano, sob a Presidência Italiana – a terceira e derradeira fase da reforma do mandato de Nice.

Esta Conferência revelou-se um fracasso, não se logrando atingir acordo e aprovar o projecto. O reatamento do processo conheceu impulsos externos à questão em si – *maxime*, a vitória do Partido Socialista Operário Espanhol (PSOE) nas legislativas de Março de 2004, que, contrariamente ao governo anterior, principal oponente à aprovação do projecto de Tratado Constitucional a par com a Polónia, assumiu uma postura favorável à aprovação de uma Constituição Europeia nos moldes projectados – e foi oficialmente assumido na CIG de Bruxelas, em 24 e 25 de Março de 2004.

Seria obra da Presidência Irlandesa o difícil consenso entre todos os Estados-Membros na aprovação de um texto técnico que, pese embora a dificuldade de percepção para o cidadão europeu comum, aportou importantes contributos na reorganização de uma organização moldada para uma dinâmica meramente internacionalista já falida. Neste sentido, em 18 de Junho de 2004 foi adoptado por unanimidade o Tratado para uma Constituição Europeia.

Finalmente, em 29 de Outubro de 2004, os Chefes de Estado e de Governo dos vinte e cinco Estados-membros da União Europeia bem como de três países candidatos assinaram, na duplamente histórica cidade de Roma, o Tratado Constitucional.

Ante a necessidade de abrir caminho a mecanismos de legitimação social, o debate pré-constitucional não sendo um redondo fracasso, foi um insucesso. A Convenção para o futuro da Europa cedo se despiu de intenções efectivamente legitimadoras, assumindo as vestes de uma antecipação insípida e também ela intergovernamental das Conferências Intergovernamentais que se lhe seguiram. De um verdadeiro modelo convencional, passou-se para um modelo convencional inter-governamental, no qual os representantes dos governos dos Estados-membros foram continuamente conquistando espaço. A Convenção renunciou, logo à partida, à pretensão de edificar um verdadeiro processo constitucional, para, sem pudores, implementar um processo intergovernamental.

No entanto, porventura fruto das dificuldades em chegar a acordo quanto ao conteúdo do *Tratado Constitucional* no seio das CIG, o debate pré-constitucional acabou por dar lugar a um mecanismo de aprovação que não corresponde integralmente à dinâmica tradicional dos tratados do Direito Internacional Público. Ainda assim, este *Tratado Constitucional* revela-se portador de uma ambiguidade que reflecte o paradoxal binómio que a sua designação comporta: quanto à origem, será mais Tratado do que Constituição; quanto ao modelo político e económico que estabelece, será mais Constituição do que Tratado. Esta crítica, no entanto, ganhará vida nos capítulos que se seguem.

Por ora diríamos, com Sérgio Gonçalves do Cabo, ser já necessária "*uma nova agenda para a integração europeia*", correspondente a um debate constitucional efectivo, uma vez que a agenda da Convenção e dos Estados-membros revelou-se menos preocupada com a abstracção da temática do consenso social. Assim, de uma nova agenda deverão, inevitavelmente, constar "*o financiamento da União e a formulação de políticas redistributivas (incluindo a concertação social) (que) irá progressivamente tomar o lugar dos debates sobre a repartição de competências, e onde os processos de representação política e de estruturação dos modelos (separação de poderes e exercício de funções política, legislativa e judicial) e níveis de decisão (federal, nacional e regional), irão substituir o debate em torno das regras da unanimidade ou da igualdade entre Estados-membros*". Já a Convenção mostrou-se, de facto, mais preocupada "*em retocar o actual sistema dos Tratados (simplificação) e em assegurar um controlo mais preciso da delimitação das competências entre a União Europeia/Comunidade Europeia e os Estados-membros (subsidiariedade e delimitação de competências) e, ao mesmo tempo, em devolver aos parlamentos nacionais (claramente maioritários na Convenção) parte dos poderes perdidos para os Governos no processo comunitário de decisão (...) do que em debater a **filosofia política da integração europeia**. Dir-se-á que é uma matéria vaga e abstracta, mas é nela que reside a questão do consenso social (demos) necessário ao aprofundamento da integração europeia*" [42].

---

[42] *A Convenção Europeia – Análise das Principais Questões em Debate* (trabalho elaborado a pedido do Conselho Económico e Social), inédito, 2002, pág. 46 e 47.

## 3. *EUtopia* constitucional?

Associando esta redefinição de conceitos clássicos e a crise de legitimidade social da União Europeia à resposta constitucional, cabe, então, questionar-nos sobre a mais valia de uma constituição formal como resposta suficiente e completa ao défice legitimador.

Não parecem restar dúvidas sobre a existência de uma constituição material europeia, reconduzindo-se ao Tratado da Comunidade Europeia e ao Tratado da União Europeia, com as actualizações de que foram objecto. Pitta e Cunha salienta que *"o Tribunal de Justiça das Comunidades Europeias qualificou os tratados como a "Constituição interna da Comunidade", a "Carta Constitucional de uma comunidade de Direito"* [43]. Em 1984, Fausto de Quadros, na sua dissertação de doutoramento, apontava neste sentido [44].

Em 1977, Vlad Constantinesco afirmava já a existência de uma Constituição Económica Europeia, atendendo aos fins, objectivos e meios traçados e previsto no Tratado de Roma [45]. O saudoso Francisco Lucas Pires admitia, em 1992, que *"a política segue na pegada da união monetária como se fora apenas a sombra que esta deixa atrás de si"* [46].

De facto, Eduardo Paz Ferreira, admitindo que *"na versão originária do Tratado, encontrávamos já uma verdadeira constituição económica resultante basicamente da enunciação de objectivos que ficou recordada e que corresponde a uma verdadeira opção por um modelo económico"*, afirma que a sua existência se tornou mais clara com Maastricht, antecedendo esta Constituição Económica *"a Constituição Política Europeia, o que representa um dado curioso porque, normalmente, a Constituição Económica depende da Constituição Política, na medida em que é esta que fornece os contornos daquela"* [47].

---

[43] Ob. cit., pág. 13.
[44] *Direito das Comunidades...*, ob. cit..
[45] "La Constitution Économique de la C.E.E.", *Revue Trimestrielle de Droit Européen*, Anne 13, 1977, n. 2, pág. 244.
[46] "Da Europa Económica à Europa Política", *A Europa Após Maastricht*, INCM, Lisboa, 1992, pág. 28.
[47] *Direito da Economia*, Lisboa, AAFDL, 2001, pág. 165 e 174.

Em bom rigor, a Constituição já existe, em sentido material. Segundo Guilherme D'Oliveira Martins, "*a organização e o funcionamento das instituições e a relação com os cidadãos no exercício das competências da União já têm consagração – como Magna Carta europeia*"; ao assumir-se uma linguagem constitucional e uma Constituição formal pretende-se "*dar a essa lei fundamental*" – já existente, afinal – "*um sentido mais claro para os cidadãos. Não se trata de um mero estatuto apenas ligado às instituições, mas da definição das bases essenciais da «democracia supranacional europeia»*"[48]. Um instrumento ao serviço da legitimação social do projecto de unidade política da Europa.

Com Ana Maria Guerra Martins, diríamos, em síntese, que "*a aceitação do carácter constitucional do Tratado da União Europeia pressupõe a libertação dos postulados tradicionais da ciência política e do direito constitucional, que vêm do século XVIII, pois só assim se pode admitir a autonomia da noção de constituição em relação ao Estado*"[49].

Gianfranco Pasquino apresenta uma síntese muito completa das dúvidas e cepticismos de muitos – de entre os vários *tipos* de *eurocépticos, eurodrescrentes, soberanistas* – que aqui deixamos: "*Sob muitos aspectos, a UE é um sistema político incompleto: quanto à cidadania, que fundamenta a existência dos Estados, pode-se dizer que é meramente derivada, ou seja, só tem a qualidade de cidadão europeu quem já seja cidadão de um dos Estados-membros da União; não requer, portanto, nenhuma identificação ou lealdade relativamente à UE como tal; a questão da existência de um povo europeu, um tema que surge de quando em quando, parece prema-*

---

[48] Ob. cit., pág. 11-12.

[49] Ob. cit., pág. 20. A autora, situando esta questão no âmbito da teoria constitucional da Pós-modernidade – ideia que retomaremos adiante – frisa que "*o Tratado da União Europeia, tal como, anteriormente, os Tratados institutivos das Comunidades Europeias é, na sua origem, do ponto de vista formal, um tratado internacional. Ou seja: é um acordo de vontades entre os Estados membros das Comunidades Europeias, que produz efeitos jurídicos e que se regre, em parte, pelo Direito Internacional. Porém, a interpretação e aplicação de que tem sido alvo por parte dos diversos operadores jurídicos, neles se incluindo os órgãos da União e os próprios Estados membros, contribuíram para o afastar progressivamente desse modelo, destacando-se hoje pelo seu conteúdo, como algo de novo, que não se enquadra nas categorias dogmáticas tradicionais*".

*tura, se não mesmo deslocada, no contexto actual e, de qualquer forma, pouco produtiva; o território da União, o segundo elemento constitutivo dos sistemas políticos clássicos, não está definido à partida: a Europa que se estende do Atlântico aos Urais, na famosa expressão de De Gaulle, não é uma realidade isenta de controvérsia. Aliás, bastante problemática, já que deixaria em aberto a questão da colocação da Rússia, que tem uma grande extensão asiática. De momento, porém, o território da UE prepara-se para uma nova fase de alargamento, que poderá fazer aumentar para 27-28 o número de Estados-membros nos primeiros anos do século XXI*"[50].

Na tentativa de contornar este argumentário, procuraremos nos Capítulos II e III deste estudo edificar a nossa *EUtopia*. O ponto de partida passa, inevitavelmente, pela deslocação dos conceitos clássicos da tradicional ciência política e da costumada teoria constitucional para a Pós-modernidade. Só este movimento primeiro permite o percurso que trilharemos, partindo em busca no passado, presente e futuro, de um *demos* europeu, uma verdadeira fonte de legitimidade social que possa ser consolidada por via de uma constituição formal.

Se para muitos este Texto Constitucional mais não será do que uma utopia, por falharem as premissas clássicas do Estado-nação e do constitucionalismo a este associado, para nós será já uma realidade – a Constituição Europeia, ou o *Tratado Constitucional Europeu*, como cautelosamente foi preferido, não é um projecto utópico, pois vê já a luz do dia. Depois, aliás, de décadas de propostas e esforços nesse sentido.

Nem tão pouco será uma *EUtopia* constitucional, tenhamos nós europeus e estudiosos a capacidade de deslocar, lado a lado com a evolução prática, as nossas teorias para a realidade pós-moderna. A União Europeia, com ou sem constituição, representa um estádio de evolução organizativa superior ao conceito de Estado-nação e nacionalidade. E, *"no plano dos princípios, desde o momento em que a União Europeia possui poder político, que exerce directamente sobre os cidadãos sem mediação por parte dos Estados, deve possuir uma constituição, pois, só, desse modo, se conseguirá, num quadro jurídico, limitar adequadamente o seu poder frente aos cidadãos"*[51].

---

[50] *Curso de Ciência Política*, Principia, 1.ª Edição, 2002, pág. 374-375.
[51] ANA MARIA GUERRA MARTINS, ob. cit., pág. 23.

Será, no entanto, este *Tratado Constitucional Europeu* a resposta ideal à crise de legitimidade social? Afirmou recentemente o nosso saudoso Professor e Mestre, António de Sousa Franco, ser *"sabido que, no campo das Ciências Sociais, em que o homem é sujeito e objecto, o que se vê (teoria) e o que se deseja (ideologia) não são facilmente separáveis"* [52]. Nesta Constituição Europeia – expressão que preferimos – encontramos um momento de ascenso na demanda por uma solução cabal à problemática que nos ocupa. Não será este, ainda, o projecto constitucional que desejávamos. *"Todavia, é do esforço de objectividade que depende a validade científica das Ciências Humanas e Sociais"* [53] – analisaremos objectivamente os dados empíricos que surgem no horizonte deste momento constitucional. Ofereceremos, subjectivamente, a nossa *EUtopia*.

---

[52] Ob. cit., *Uma Constituição para...*, pág. 7.
[53] *Idem...*, pág. 7.

## II
## Legitimidade e Povo

*La nostalgie de l'unité explique l'étrange couronnement de Charlemagne, l'obsession italienne des Césars germaniques, les entreprises vaines de Charles Quint, de Philippe II et de Ferdinand de Habsbourg, le rêve napoléonien du «Grand Empire d'Occident», le mythe hitlérien de la «Grande Europe» nazie et sanglante.*

EMMANUEL BERL
Structure et Destin de l'Europe

### 1. Duas ideias da Europa

A Europa é um conjunto histórico, cultural, político e económico, edificado sobre relações e trocas, num espaço geográfica e socialmente único.

Feita da experiência de identidades acumuladas, encontra, no entanto, uma clivagem entre dois grupos distintos de Estados-membros: os países do sul, a Alemanha, a Bélgica, o Luxemburgo, a maioria dos países da Europa central, a Irlanda e a Finlândia, reconhecem a sua identidade europeia; do outro lado encontramos o Reino Unido, a Dinamarca, os Países Baixos, os Estados bálticos e, de forma menos intensa, a Suécia, países que se mostram reticentes *"em reconhecer esse suporte identitário comum"* [54].

---

[54] BRUNO JEANBART, "A pertença à Europa, um sentimento largamente partilhado mas evolutivo", *O novo...*, pág. 27.

Bruno Jeanbart entende que esta clivagem decorre da circunstância de o primeiro grupo reunir "*países que pertenceram a entidades mais vastas, como os Impérios Romano ou Bizantino, o Santo Império Romano-Germânico, o dos Habsburgos ou o de Napoleão, no seio dos quais se acotovelaram com outras nações. Estas entidades deixaram marcas nos sistemas jurídicos destes países, contribuindo talvez para modificar a ligação das suas populações com a Europa. (...) Sentem que o modelo que descrevem, fundado numa história, numa cultura e em valores comuns, confere uma coerência à Europa e faz dela uma comunidade única*"[55]. Já o segundo grupo de países, deserdados deste património comum, e sentindo hoje a União Europeia como contrapeso à hiperpotência americana com a qual têm ligações históricas, reforçam um sentimento de não-europeinidade, por não partilharem a memória comum.

De duas ideias históricas partimos para duas ideias doutrinárias de Europa. Se a história permite reconhecer de forma mais intensa a uma maioria dos Estados-membros um *suporte identitário comum*, a doutrina de Ortega y Gasset, filósofo espanhol cuja obra marcou as décadas de 30 a 50 do passado século, e de Jürgen Habermas, filósofo alemão ainda connosco, permitirá entender o fenómeno europeu e encontrar a base de ligação entre estes dois blocos que se encontram, afinal, Unidos na Europa.

Ortega y Gasset, na sua *Europa y la Idea de Nación*[56], defendeu a anterioridade histórica da sociedade europeia em relação às sociedades nacionais, e a forma dual de vida de todo o homem europeu, constituindo a sua obra uma herança doutrinária basilar para sustentar a existência actual de uma sociedade civil europeia.

Jürgen Habermas defende a incapacidade das comunidades políticas típicas, *maxime* o Estado, para assegurar as condições de subsistência das sociedades organizadas, propondo uma deslocação da organização da comunidade política para novos níveis de decisão. O filósofo da tríade "*moral, política e direito*" retira do seu *patriotismo constitucional* todas as consequências, defendendo o modelo de vida

---

[55] *Idem...*, pág. 28.
[56] *Europa y la Idea de Nación (Y Otros Ensayos sobre Problemas del Hombre Contemporáneo)*, Alianza Editorial, Madrid, 1998.

europeu e a dinâmica federalista como o único cenário para a Europa de hoje. Uma comunidade politicamente constituída – garante Habermas – compensará o actual défice de legitimidade social e democrática de Bruxelas, redefinindo o sistema de partes e a sociedade civil europeia a partir da existente esfera pública europeia e da cultura política comum, num processo constitutivo dialogante, e não circular.

Vejamos estas duas ideias da Europa.

**1.1. *Europa e a ideia de Nação*: a existência prévia da sociedade europeia em relação às nações**

A anterioridade histórica da sociedade europeia em relação às sociedades nacionais e a forma dual de vida de todo o homem europeu são os pontos-chave da *Europa y la Idea de Nación* de Ortega y Gasset, constituindo uma herança doutrinária basilar para sustentar a existência actual de uma sociedade civil europeia. Numa lógica dialéctica, esta sociedade europeia vem das civilizações romana e germânica, atravessou séculos de conflitos, nacionalismos e germinação de distâncias políticas, para aproximar-se novamente, no âmbito de uma forma organizacional pós-moderna, que é a União Europeia [57].

Para Ortega y Gasset, a Europa não é uma utopia. Frisa Miguel Nogueira de Brito, em recente análise sobre o conceito histórico de nações europeias, debruçando-se sobre o pensamento do autor espanhol, que "*a Europa não é uma figura utópica que acaso no futuro se logre realizar, mas uma realidade vetusta a que será porventura preciso dar uma nova forma. A unidade europeia não é um programa político para um futuro imediato, mas o único princípio metódico*

---

[57] Afirma ORTEGA Y GASSET que "*é preciso que desde uma certa altura suficientemente matinal tenham presente a consciência de que a vida não consiste em ser aquilo que já se é por tradição, antes se vejam pertencendo a uma unidade muito mais ampla, que não é a sua e própria* a tergo, a saber: *o grande espaço de uma civilização anterior. Este foi para os povos europeus o Ocidente romano. Pode-se dizer, desde logo, que ao entrarem na área deste espaço e ao misturarem-se com os povos romanizados, os povos germânicos passaram, como antes indiquei, a ter que levar uma vida dupla, a sua tradicional e a romana exemplar. Esta era a vida «como é devido»*" (ob. cit., pág. 862).

*para entender o passado do Ocidente e muito especialmente do homem medieval. A Europa nunca poderá ser um espaço político equilibrado se não for antes assumida como uma herança cultural indeclinável"* [58].

Enquanto herança cultural indeclinável, a Europa, ou a sociedade europeia, pré-existe às sociedades nacionais. Mas numa relação de convivência. Esta pré-existência baseia-se, de acordo com a construção filosófica de Gasset, num sistema de usos – o direito, a opinião pública e o poder público comuns –, criado pelo Império Romano.

A nação, que Ortega y Gasset considera um produto da história, surge de uma conjugação única num momento determinado da história, *"sendo a figura das nações emergentes coincidente com a simples divisão administrativa das* dioecesis *no Baixo Império"* [59]. Existiram sempre, todavia, *"um poder público e uma opinião pública europeias que incessantemente exerceram a sua pressão sobre cada povo europeu. Neste sentido, teria existido sempre uma certa forma de Estado europeu, um «estado supernacional ou ultranacional [que] teve formas muito distintas daquelas que adoptou o Estado Nacional». Esse Estado europeu corresponde, ao «equilíbrio europeu»"* [60].

Deste modo, aquilo que distancia o conceito de povo do conceito de nação será precisamente o facto de o primeiro aproximar-se da tradição, e o segundo representar já um sentimento de pertença a uma unidade muito ampla ou *o grande espaço de uma civilização anterior*, que, no caso europeu, terá sido o império romano. Ortega y Gasset, ao cruzar nação e história caracteriza os povos europeus de forma singular, através da sua *"forma dual de vida"*, ou seja, a vivência em duas sociedades, dois espaços de densidade histórica desigual.

Não questionamos ou criticamos os conceitos utilizados por Gasset, nem tão pouco as premissas em que sustenta as suas teorias – pese embora seja possível denotar, claramente, uma visão eurocêntrica subjacente ao seu pensamento. A *sua* ideia de nação nasce com

---

[58] MIGUEL NOGUEIRA DE BRITO, *O Patriotismo como Civilidade: Egas Moniz, Maquiavel e as Nações Europeias"*, Revista da Faculdade de Direito da Universidade de Lisboa, Vol. XIII, N.º 2, Coimbra Editora, 2001, pág. 864.

[59] *Idem...*, pág. 864.

[60] *Idem...*

a civilização romana, e o seu *"modelo integral de ser homem"* – *"o conteúdo «material» da tradição de cada povo, informado pelo imperativo de exemplaridade e certos quadros normativos romanos de que estava impregnado o solar em que viviam, desse como fruto um tipo de sociedade cuja Ideia incluía, simultaneamente ser tradição e ser empresa. Isto é a Nação"*[61].

No fundo, e desde o Império Romano, as nações europeias foram sempre formas duais de vida. O seu destino comum levaria os povos europeus – *"progressivamente homogéneos e progressivamente diversos (e em que cada novo princípio de uniformidade fertilizava a diversificação)"* – a viver entre dicotomias: ideia cristã e igrejas nacionais; o Império Romano e as várias formas de Estado. Surgindo, no século XVIII, *"a extravagante ideia segundo a qual todos os povos devem ter uma constituição idêntica"*, o que *"produz o efeito de despertar romanticamente a consciência diferencial das nacionalidades"*[62].

Chamadas a palco as nacionalidades, mas tendo sempre presente a forma dual de vida do europeu e a pré-existência da sociedade europeia face às sociedades nacionais, Ortega y Gasset considerou as guerras que assolaram a Europa nos últimos séculos *"guerras domésticas, e não guerras entre nações. É com a Revolução francesa que, com a sua ideia de nação em armas, iniciou as guerras propriamente nacionalistas em que um povo da Europa pretendia submeter, mais ou menos, os outros"*[63].

Ora, este percurso histórico acompanhado das coordenadas teorizadas por Gasset deixa a grande questão, assim colocada por Miguel Nogueira de Brito: em que consiste, então, a ideia de Europa que delimita externamente a ideia de nação e constitui o seu contraponto?

Nogueira de Brito salienta, também, que a explicação para as dificuldades em fazer assentar a construção política da Europa no princípio democrático encontram-se, em boa parte, na identificação abusiva da comunidade política democraticamente organizada à comunidade

---

[61] ORTEGA Y GASSET, ob. cit., pág. 79-80, apud MIGUEL NOGUEIRA DE BRITO, ob. cit., pág. 863.
[62] ORTEGA Y GASSET, ob. cit., pág. 42.
[63] *Idem...*, pág. 90.

culturalmente homogénea. Ortega y Gasset afirma que *"existiu sempre uma consciência cultural europeia, sem que, no entanto, tenha existido uma unidade europeia no sentido que esta expressão conhece hoje. Nesta acepção a unidade refere-se a formas estatais. Europa como cultura não é o mesmo que Europa como Estado"* [64].

Defendendo que as nações europeias não podem persistir senão tendo como referente um fundo comum europeu, Gaset oferece a sua fórmula para a problemática da nação e do nacionalismo, articulando esfera pública e esfera cultural: *"tal como a construção das nações europeias foi feita sobre o encontro entre os povos europeus e a civilização romana, também hoje a sobrevivência da nação passa pelo fundo comum europeu que antes funcionou como seu catalizador"* [65].

Pese embora o predomínio da diferença sobre a unidade cultural tenha conhecido um novo vigor no último século, tal sucede como consequência de necessidades históricas, que conduziram os povos europeus a privilegiarem formas jurídicas e tradicionais de unidade. A unidade europeia, oferecendo à expressão o seu significado actual, é uma questão política. Apesar da existência de uma consciência cultural europeia, da pré-existência da sociedade europeia ante as sociedades nacionais, e da Europa ter sido, ao longo da história, o referente dos seus povos e nações, a comunidade política europeia democraticamente organizada – enquanto unidade política – nasce sobretudo de uma necessidade, e não de uma vontade espontânea. A consciência cultural europeia e a forma dual de vida do europeu serão, uma vez mais, catalizador. Mas, diagnostica Ortega y Gasset, estruturas históricas como esta União (Europeia) política que hoje se ergue, *"dependem minimamente das vontades particulares, e maximamente das necessidades. A vida humana é certamente liberdade, mas é também necessidade ou, se preferirmos chamá-la assim, fatalidade"* [66].

A este fatal destino da Europa, fruto da história e da necessidade, obsta a tensão entre nação e nacionalismo, não esquecendo, como o próprio autor frisava, que a Inglaterra tem um século mais de

---

[64] Ob. cit., pág. 23 (tradução nossa).
[65] MIGUEL NOGUEIRA DE BRITO, ob. cit., pág. 867.
[66] Ob. cit., pág. 25.

experiência nacional do que os outros povos europeus – por contraponto à Alemanha, por exemplo, que, alcançando demasiado tarde a vontade clara de ser uma nação não conseguiu solidificar a sua nacionalidade, com os resultados históricos recentes conhecidos, mas sendo a Alemanha Ocidental um dos Estados fundadores da então Comunidade Económica Europeia.

Em suma, e apesar de a Europa não ser uma realidade de fácil apreensão, acessível a todos, na medida em que não é uma «coisa» mas um equilíbrio, *"as nações europeias chegaram a um ponto em que só poderão salvar-se se lograrem superar-se a si mesmas como nações (...) se se conseguir fazer nelas vigente a opinião de que a nacionalidade como forma mais perfeita de vida colectiva é um anacronismo, que carece de fertilidade para o futuro e é, em suma, historicamente impossível"* [67].

### 1.2. O *patriotismo constitucional* e *a constelação pós-nacional* de Habermas

Jürgen Habermas, na procura de um modelo de democracia e legitimação das decisões politicas, ofereceu no seu *"A Constelação Pós-nacional"* uma resposta republicana à compreensão relacional das nações e do patriotismo. Partindo de uma análise profunda sobre o conceito de nação e de Estado-nação, desenvolveu a teoria do *patriotismo constitucional*.

O autor defende a incapacidade dos Estados, enquanto comunidades políticas típicas, para assegurar as condições de subsistência das sociedades organizadas, propondo uma deslocação da organização da comunidade política para novos níveis de decisão. Em clara linha de oposição a Rawls e à sua *"The Law Of The Peoples"*, e à crença rawlsiana no Estado enquanto unidade de organização por excelência.

O autor vê no Estado-nação o resultado da transformação das sociedades hierarquizadas em sociedades horizontais, tornando possível *"um modo de legitimação do poder político secularizado, na*

---

[67] *Europa y...*, cit., pág. 55.

*sequência das guerras de religião europeias, e fê-lo com base numa forma mais abstracta de integração social"*[68]. Será a mobilização política dos cidadãos a responder ao problema da legitimidade. Por outro lado, Habermas considera as nações como um fenómeno especificamente europeu, porquanto a Europa *"aglutina valores civilizacionais que simultaneamente as despertam e as constrangem"*[69].

Traça, depois, o percurso evolutivo do Estado-nação, procurando replicar à questão da legitimação em cada momento histórico da vida deste tipo organizacional, distinguindo: (1) a fase emergente; (2) a fase de exclusão política; (3) a fase de luta constitucional, inclusiva; e, finalmente, (4) a fase de regressão.

Na fase emergente do Estado-nação, a sua resposta ao problema da legitimidade social passava por uma interpretação cultural dos direitos de pertença à comunidade política. De acordo com Miguel Nogueira de Brito *"existia necessariamente uma sobreposição da cidadania à qualidade de membro de uma comunidade definida por traços culturais e linguísticos próprios"*, lógica interna que *"passa necessariamente pela evolução, numa primeira fase, de uma situação de exclusão política de membros da mesma comunidade cultural, em função do posicionamento na escala social e económica, a uma situação em que a comunidade política é uma comunidade culturalmente inclusiva"*, e que, após a luta constitucional, regressará à exclusão política, *"desta vez dirigida a todos aqueles que não partilham a identidade cultural e linguística dominante"*[70]. Em suma, afirma Habermas que *"a tensão entre o universalismo de uma comunidade jurídica igualitária e o particularismo de uma comunidade unida pelo destino histórico é inerente ao próprio conceito de Estado nacional"*[71].

---

[68] MIGUEL NOGUEIRA DE BRITO, ob. cit., pág. 880.
[69] *Idem...*
[70] *Idem...*, pág. 881.
[71] *La inclusion del otro: estudios de teoría política*, Paidós, Barcelona, 1999, pág. 115. Daqui, extrai o autor um conjunto de conclusões relativamente à dicotomia nacionalismo-republicanismo: a subordinação aos vínculos culturais e linguísticos de uma comunidade caracteriza o nacionalismo, assente numa concepção naturalística de povo; pelo contrário, o republicanismo abandona tal concepção e subordina a identidade cultural à compreensão universalista da democracia constitucional.

Enquanto fenómeno pós-moderno, o multiculturalismo surge, na teoria habermasiana, como prelúdio para a construção do conceito de *patriotismo constitucional* [72]. Vejamos a teia doutrinária que resulta do cruzamento dos vários estudos e teorias de Habermas, relacionando-a, então, com a sua ideia de Europa.

Na tentativa de encontrar o significado da pragmática universal, Habermas desenhou um método de reconstrução realista e descritivo. Parte das performances reais dos indivíduos nos seus actos de linguagem quotidianos para reconstruir os pressupostos necessários do ser humano. Apresenta um modelo geral de comunicação que pressupõe a liberdade de expressão para os seus interlocutores, num contexto de comunicação sem constrangimentos. Por esta via, o autor alemão procura encontrar as fórmulas perfeitas do pluralismo inserido num modelo de democracia deliberativa. Uma busca do consenso.

O objectivo último da sua teoria do discurso será a fundamentação de um sistema de direitos que faça justiça à autonomia privada e pública dos cidadãos – sistema inclusivo dos direitos fundamentais que estes são forçados a atribuir-se mutuamente, por forma a regular a sua convivência através de meios legítimos de direito positivo.

As etapas que percorre na construção desta teoria deliberativa, explicita-as Habermas na sua obra *"Direito e Democracia, entre facticidade e validade"*: *"partimos da história dos dogmas do direito subjectivo, a fim de mostrar como a legitimidade surge paradoxalmente da legalidade; desenvolvemos, a seguir, um modo próprio de interpretar o conceito de autonomia, na linha de uma teoria do discurso, o qual torna possível reconhecer o nexo interno entre direitos humanos e soberania do povo. Pesquisamos, finalmente, a relação complementar entre direito e moral, afim de esclarecer a determinação formal que permite distinguir entre normas jurídicas e normas gerais de acção"* [73].

Neste contexto, Habermas defende como modelo ideal de organização política e social a *"situação ideal de discurso universal"*: uma forma de decisão em que todos os indivíduos têm informação

---

[72] CARLOS CLOSA, *Forging European Constitutional Patriotism: Deliberating on the Constitution within the Convention*, 2003.

[73] *Direito e Democracia, entre facticidade e validade*, Volume I, Tradução de FLÁVIO BENO SIEBENEICHLER, Tempo Brasileiro, Rio de Janeiro, 1997, pág. 156-157.

total, sem obstáculos comunicacionais que dificultem o acesso à informação e a liberdade de expressão. As liberdades individuais são garantes da autonomia privada e liberatórias da liberdade comunicativa. A autonomia privada de um sujeito de direito pode ser entendida como *"liberdade negativa de retirar-se do espaço público das obrigações de interlocução recíprocas para uma posição de observação e influência recíproca"*. Este poder liberatório será tal que o princípio kantiano do direito à liberdade subjectiva de acção é entendido, por Habermas, como um princípio que reclama igualdade de liberdades subjectivas, e não apenas o direito a liberdades subjectivas em geral: *"a liberdade de cada um deve poder conviver com a igual liberdade de todos, segundo uma lei geral"* [74].

Este teste de generalização da razão que examina leis, demanda um fundamento legitimador da distribuição das liberdades iguais, surgindo a ideia de *"autolegislação de civis"*. Assim, para que os destinatários da lei se sintam submetidos ao direito deverão, de igual forma, entender-se como autores do direito. Este conceito, introduzido numa construção discursivo-deliberativa, não poderá formar-se pela simples adição da autolegislação moral de todos os indivíduos. Só através de um *princípio de democracia*, reflexo da neutralidade da autonomia e da sua indiferença em relação à moral e ao direito, encontra o processo normativo efectiva legitimação.

O princípio de democracia de Habermas nasce da interacção entre o princípio do discurso e a forma jurídica. Tem inicio com a aplicação do princípio discursivo ao direito a liberdades em geral, e termina *"quando acontece a institucionalização jurídica de condições para um exercício discursivo da autonomia política, a qual pode equipar retroactivamente a autonomia privada, inicialmente abstracta, com a forma jurídica"* [75].

O principio da democracia é, deste modo, o centro nuclear de um *sistema de direitos* formados através de um processo circular, no âmbito do qual o código do direito e o mecanismo de criação de direito legítimo – ou seja, o princípio da democracia – constituem-se co-originariamente.

---

[74] *Idem...*, pág. 157-159.
[75] *Idem...*, pág. 158.

Este sistema de direitos comporta cinco categorias, geradoras do seu próprio código jurídico na medida em que determinam o *status* dos sujeitos do direito: (1) os direitos fundamentais resultantes da configuração politicamente autónoma do direito à maior medida possível de liberdades iguais; (2) os direitos fundamentais resultantes da configuração politicamente autónoma do *status* de membro numa associação voluntária de parceiros do direito; e (3) os direitos fundamentais que resultam, de forma imediata, da possibilidade de postulação judicial de direitos e da configuração politicamente autónoma da protecção jurídica individual.

As duas últimas categorias são correlatos necessários da primeira. Se até aqui os indivíduos são destinatários das normas do direito[76], na próxima etapa categórica assumem, também, a autoria da ordem jurídica em que se inserem: (4) os direitos fundamentais à participação, em igualdade de oportunidades, através de processos de formação da opinião e da vontade, exercitando aqui os cidadãos a sua autonomia política e criando, assim, direito legítimo.

Estes direitos políticos fundamentam o *status* de cidadãos livres e iguais, possibilitando-lhes alterar a sua posição face ao direito e reconfigurar a autonomia pública e privada. Por forma a alcançar tal desiderato, as quatro categorias até aqui enunciadas implicam, na derradeira etapa (5) os direitos fundamentais em condições de vida social, técnica e ambientalmente garantidas, em tudo quanto seja necessário para o aproveitamento das demais categorias em igualdade de oportunidades.

Com o autor, diríamos que *"a proposta de uma interpretação dos direitos fundamentais à luz da teoria do discurso deve servir para esclarecer o nexo interno entre direitos humanos e soberania do povo, como também para solucionar o paradoxo da legitimidade que surge da legalidade"*[77].

---

[76] Explica HABERMAS que as três primeiras categorias de direitos surgem da aplicação do discurso ao "medium *do direito enquanto tal, isto é, às condições da formalização jurídica de uma socialização horizontal, em geral. Eles ainda não podem ser interpretados no sentido de direitos liberais de defesa, uma vez que regulam apenas as relações entre os civis livremente associados, antes de qualquer organização objectiva ou jurídica de um poder do Estado, contra o qual os civis precisam de proteger-se*" (ob. cit., pág. 160). Afasta-se, aqui, de forma notória, de RAWLS e da centralidade que este atribuiu ao Estado como ponto de encontro dos indivíduos e de organização social por excelência.

[77] *Idem...*, pág. 161.

Aqui reside um dos maiores contributos de Habermas para a dogmática contemporânea: entendendo que o factor de legitimação das decisões políticas não é a sua concordância com certos requisitos e pressupostos substanciais, mas antes o processo através do qual a decisão é tomada, o autor dá uma importância fulcral aos direitos fundamentais de natureza procedimental e processual. Assim sendo, os direitos que promovem o acesso à informação, a participação, a responsabilização e a transparência são pontos vitais de um sistema de direitos fundamentais, na medida em que legitimam as decisões políticas, aproximando ao máximo possível o processo de deliberação do seu ideal discursivo.

Consciente, no entanto, de que este modelo de perfeição organizatória é inatingível, o autor entende que as formas de organização política e social devem, pelo menos, aproximar-se o mais possível do seu modelo discursivo universal.

Na sua obra *A inclusão do Outro*, Habermas declara: *"nas sociedades multiculturais, a coexistência de formas de vida em igualdade de direitos significa, para cada cidadão, a oportunidade assegurada de crescer de uma maneira sã no mundo de uma herança cultural e de garantir aos seus filhos o direito de nela crescerem, isto é, a oportunidade de se confrontarem com essa cultura – como com todas as outras –, de a prosseguir de maneira convencional ou de a transformar, assim como a oportunidade de se separarem com indiferença de seus imperativos ou de renegar de modo autocrítico e depois viver acelerado por ter feito uma ruptura consciente com a tradição ou com uma identidade dividida. A mudança acelerada das sociedades modernas faz explodir todas as formas de vida estacionárias. As culturas só sobrevivem se obtiverem da crítica e da secessão a força para se auto-transformarem"* [78].

Dissemos já, o multiculturalismo refere-se à tensão entre valores próprios de um espaço ou de uma época e valores universais, comuns à humanidade – trata-se não apenas de multiculturalismo, mas também de interculturalismo. Corresponde, grosso modo, a uma

---

[78] *La inclusión del otro: estudios de teoría política*, Paidós, Barcelona, 1999, pág. 205-206.

universalização, de enorme escala, dos modos peculiares de vida – formas culturais, grupos étnicos e religiões – cujas consequências imediatas fazem-se sentir, de forma predominante, na diluição da soberania efectiva dos Estados e no crescimento de instâncias supra-estaduais [79].

A busca por um universalismo ético encontra muitas críticas à alegada posição etnocêntrica que trás subjacente: o ocidente tenta alegadamente impor ao mundo os seus valores, que tem para si como universais, quando a verdade é que em ética e em assuntos culturais, nem tudo vale por igual. Habermas desenvolve a sua noção de *patriotismo constitucional* por entender que numa mesma comunidade política devem coexistir de forma equitativa todas as identidades culturais, étnicas e religiosas, e não uma fusão entre a cultura dominante de um país e a cultura política geral.

Desta forma, o *patriotismo constitucional* reúne em si mesmo condições para substituir o nacionalismo, uma vez que *"cada cultura nacional desenvolve uma interpretação distinta daqueles princípios constitucionais que estão igualmente incorporados em outras constituições republicanas – tais como a soberania popular e os direitos humanos – à luz da sua própria história nacional"* [80].

Miguel Nogueira de Brito, na senda de muitos outros autores, critica esta construção por encontrar dificuldades no risco *"de se perder a ligação entre a cultura dominante e a cultura política comum, sem se ganhar o assentimento das culturas minoritárias a essa mesma cultura política"* [81].

A globalização, a concorrência económica internacional, a delegação de poderes estaduais em processos transnacionais, determinaram e comprovam a incapacidade do Estado em continuar a garantir os requisitos de existência da comunidade, nomeadamente, a solidariedade cívica. A solução preconizada por Habermas, – a deslocação da organização da comunidade política para novos níveis de decisão – revela a União Europeia como resposta dos Estados Europeus a essa sua contemporânea incapacidade organizativa. Foi, aliás, afirma

---

[79] Vide Capítulo I, ponto 2.
[80] *The Inclusion....*, cit., pág. 118.
[81] *O patriotismo...*, cit., pág. 883.

Mario Teló, "*a ineficácia das democracias (nacionais) face aos grandes desafios da nossa época que deu lugar aos primeiros passos da democracia supranacional*"[82].

Defensor do modelo de vida europeu, o filósofo retira do seu *patriotismo constitucional* todas as consequências, advogando hoje que o desenho da Europa federal é o único realista. Habermas entende que uma comunidade politicamente constituída compensará o actual défice de legitimidade social e democrática de Bruxelas, redefinindo o sistema de partes e a sociedade civil europeia a partir da existente esfera pública europeia e da cultura política comum, num processo constitutivo dialogante, e não circular.

Neste sentido, a União Europeia deve abandonar a sua base internacional – os tratados – e para tanto deve constituir-se como ordem política, caso os cidadãos europeus – que deverão, entende, ser chamados a pronunciar-se, em referendo – dêem o seu consentimento. "*Estamos no caminho que transformará a União Europeia dos tratados na União Europeia legitimada por uma Constituição*", afirmava recentemente [83].

## 2. Povo Europeu ou *demos* sem *ethnos*: o mandato democrático da União

Aqui chegados, sustentar a existência de um povo europeu, seja qual for o momento histórico e o modelo organizativo, revela-se tarefa inglória. Podemos, no entanto, falar de uma sociedade europeia, enquanto sociedade de cidadania, um *demos* sem *ethnos* que confira à União Europeia mandato bastante para o momento constitucional e sua execução.

A questão que, inevitavelmente, se segue foi já em 1997 colocada por Lucas Pires: "*será viável uma democracia transnacional, ou está a democracia irremediavelmente talhada, por medida, para o corpo*

---

[82] "Démocratie internationale et Démocratie supranationale", *Démocratie et Construction Européenne*, Bruxelas, 1995, pág. 62 (tradução da autora).

[83] Em entrevista ao "*Caffe Europa*", disponível em www.caffeeuropeu.it/attualita/112attualita-habermas.html.

*da nação?*"[84]. O patriotismo constitucional de Habermas oferece resposta a tal demanda. O sentido da resposta, numa óptica pós-moderna, será negativo: a democracia transcende o corpo da nação, a forma organizativa do Estado, o seu exclusivo e soberania.

Não foi a democracia que cedeu ao multiculturalismo, que se tornou incapaz de formatar os novos percursos da humanidade, dos povos europeus. O modelo democrático continua viável, e os seus pontos de falência não são o objecto deste estudo. O próprio Estado continua válido e necessário. Mas a sua incapacidade contemporânea de garantir a existência da comunidade obriga-o a repensar as suas funções e a partilhar a sua soberania com entidades supranacionais, *maxime*, com a União Europeia.

Dir-se-á, então, que "*a teoria constitucional da Pós-modernidade tem, portanto, de partir de um constitucionalismo global, no qual a constituição estadual deve ser encarada como uma das partes componentes a par de outras*"[85].

A democracia mostrou-se moldável às várias faces organizativas com que os povos legitimaram o poder e a integração social ao longo dos séculos. De igual forma, adaptar-se a estes novos patamares supranacionais. Apesar de alguns autores, como Kirschof[86], verem na existência de um povo europeu *condictio sine qua non* para a existência de tal democracia, a solução do *patriotismo constitucional*, como outras, apresentam, precisamente, propostas e realidades sucedâneas a esse povo europeu inexistente. Como argumenta Robert Dahl, "*quando existem as condições adequadas, a democracia pode ser inventada e reinventada independentemente delas*"[87].

Winfried Kluth[88] vai mais longe, avançando para uma solução que baseia na ideia de cidadania e de europeismo uma concepção de democracia sem povo que, no plano supranacional, demonstra "*que soberania popular e democracia não têm que ser convergentes*"[89].

---

[84] *Introdução ao Direito...*, cit., pág. 68.
[85] Ana Maria Guerra Martins, *O Projecto...* ob. cit., pág. 21.
[86] Apud. Lucas Pires, *Introdução ao Direito...*, ob. cit., pág. 68-69.
[87] *On Democracy*, New Haven, Yale University Press, 1998, pág. 9 (tradução da autora).
[88] *Die Europäische Legitimation der Europäischen Union*, "Schriften zum Europäischen Recht", 21, Berlin, 1995.
[89] Lucas Pires, *Introdução...*, cit., pág. 69.

Ora, para além dos Estados, os destinatários das normas comunitárias vêm sendo, de forma crescente, os indivíduos e os grupos que agem no seu seio. Dito de outra forma, os *povos europeus*. De facto, os povos europeus foram o referente do processo de construção europeia, primeiro apenas enquanto agentes económicos, desde Maastricht como indivíduos, como cidadãos europeus.

E, pelo menos desde 1979, momento em que os parlamentares europeus passaram a ser eleitos directamente pelos *povos europeus*, a questão da legitimação passa sobretudo pelo incremento do pendor parlamentarista no sistema político europeu. De tal sorte que muito foi louvada a conquista, em Amesterdão, de mais poderes de codecisão no processo legislativo, demonstrando-se desta forma uma (tímida) tendência democratizadora. No entanto, o paradigma é o da hegemonia do Conselho, dos Estados nacionais e do *Estado Europeu*, e não o da hegemonia do Parlamento, da sociedade civil e da Democracia.

Como salientou Lucas Pires, escrevendo logo após a assinatura do Tratado de Amsterdão, e pregando a aproximação dos poderes parlamentares de codecisão aos cem por cento de matérias legislativas, *"se viesse a atingir essa fasquia, de plena codecisão, o PE poderia então assumir-se como o autorizado representante legislativo das populações, enquanto o Conselho seria apenas o dos Estados. O perfil constitucional ocidental baseado no equilíbrio da nação (à francesa) ou da sociedade (à inglesa), por um lado, e do Estado (staatsrecht à alemã), por outro lado, ficaria assim também adequadamente reflectido na arquitectura comunitária"*[90].

Já antes, em Maastricht, a Europa consciencializara-se da urgência em passar da *"legitimidade tecnocrática à democrática, como conhecida na escala de Max Weber"*[91]. Assim, *"a exigência da democratização cresceu exponencialmente, aliás, à medida do aumento das competências políticas e da autonomia do aparelho institucional comunitário. Quando o espectro da sua influência vai do mais global ao mais concreto e quotidiano, os cidadãos começam a perguntar-se legitimamente com que mandato"*[92].

---

[90] *Amsterdão...*, Principia, Cascais, 1998, pág. 37.
[91] *Introdução...*, cit., pág. 65.
[92] *Idem...*, cit., pág. 66.

O mandato europeu não poderá basear-se na vontade colectiva do seu povo, e tem sido exercido de forma distante dos povos europeus. De facto, *"os direitos dos cidadãos europeus revelam-se claramente favoráveis a uma soberania do povo no singular e da (cada vez mais intimamente unida) pluralidade de povos da União. Os direitos igualitários dos cidadãos europeus contrapõem-se claramente à desigualdade, hegemónica, e pouco pacífica estrutura organizacional e procedimental do processo decisório na União. O défice democrático da Europa deve-se ao facto de os cidadãos europeus terem direitos, mas não concederem esses direitos a si próprios"*[93]. Ao cidadão europeu faltam, então, os pontos de referência, atributos clássicos de um Estado que já não é o referente, num universo político em mutação constante.

Este *demos* sem *ethos*, terá necessariamente de (re)encontrar-se na cidadania europeia, realidade dinâmica, *grupo* que se reveja neste momento de *impulso legiferante constitucional*[94], e assuma, num futuro próximo, a natureza de *grupo constituinte*.

## 3. A Cidadania pós-moderna: consciência, identidade e «europeianidade» – um *grupo constituinte* europeu?

Aqui chegados, escala última da nossa viagem histórica, evolutiva e doutrinária pelos percursos dos povos europeus e suas formas de organização legitimadora, fazemos entrada na decisiva fase da pós-modernidade organizacional.

Analisámos já as virtualidades do Estado-nação democrático, forma organizacional privilegiada na era moderna. E, para este, a Constituição foi *"a sua fundação, o seu fundamento e o seu fundamental"*[95]. No entanto, o multiculturalismo característico da pós-modernidade trouxe consigo a crise do Estado-nação e da Constituição

---

[93] HAUKE BRUNKHORST, "A Policy without a State? European Constitutionalism between Evolution and Revolution", Arena Working Paper 14/03, *Cidel*, 2003, pág. 18 (tradução nossa).

[94] GOMES CANOTILHO, *Constituição dirigente e vinculação do legislador: contributo para a compreensão das normas constitucionais programáticas*, 2.ª Edição, Coimbra Editora, 2001, pág. 185.

[95] *Idem...*, cit., pág. 7.

sua essência, a que já se chamou *"reestruturação supranacional do globo"*. A pós-modernidade organizacional trouxe consigo, então, as formas de organização supranacional e a constitucionalização do supranacional.

Neste sentido, Ana Maria Guerra Martins, na senda de Gomes Canotilho [96], traça como ponto de partida da teoria constitucional da Pós-modernidade um *"constitucionalismo global, no qual a constituição estadual deve ser encarada como uma das suas partes componentes a par de outras"* [97]. Fenómenos actuais como a globalização, protótipica da Era pós-moderna, *"geram relações de interdependência que não se revêem nos conceitos de soberania, de exclusividade e de autonomia, nos quais o Estado se baseia, e que, em última análise, fundamentam também a ideia de constituição"*, continua a autora.

Também a ideia de cidadania tem sido uma construção simultânea ao Estado-nação. Como aponta Alec Stone Sweet, *"os problemas crónicos e recorrentes da legitimidade experimentados pelas democracias entendem-se, normalmente, como resolvidos através do alargamento da esfera da cidadania. Numa narrativa clássica, a de Marshall, aos direitos civis seguem-se os direitos políticos, e em seguida os direitos sociais, e esta sequência serve para legitimar o Estado"* [98] [99]. Servirá, também, para legitimar estas novas realidades supranacionais? O autor continua: *"o modelo do Estado-nação, bem como os modelos de cidadania que o acompanham, estão mal equipados para desempenharem a função de legitimação do governo transnacional"* [100].

---

[96] *Direito Constitucional e Teoria da Constituição*, 6.ª Edição, Almedina, 2002, pág. 1349 e segs.

[97] Ob. cit., pág. 21.

[98] "Cidadania transnacional e sociedade global", in *Cidadania...*, ob. cit., pág. 180.

[99] Aponta HAUKE BRUNKHORST, *"a União Europeia não é um Estado e – do nosso ponto de vista – não se encontra num trajecto evolucionário para a estatização. O Étatism será, de todo o modo, o caminho certo. O argumento do famoso Ac. Maastricht, do Tribunal Constitucional Alemão, de que a União não é nem um Estado Federal (Bundesstaat) nem uma federação de Estados (Staaatenverbund), segue a direcção errada. Mas a União é uma entidade política única que é não apenas uma entidade pós-nacional, como também uma entidade pós-estatismo. Portanto, qualquer Constituição da Europa terá de ser uma «constituição sem Estado»"*(Ob. cit., p. 19).

[100] *Idem...*

A cidadania europeia decorre da cidadania nacional, nos termos do artigo do 17.º Tratado de Roma. É reconhecido como cidadão europeu aquele que seja previamente reconhecido como cidadão de um Estado-Membro. A construção de um conceito de cidadania europeia tem recebido inúmeras críticas, sobretudo do outro lado do Atlântico. Jeremy Rabkin [101], define a cidadania dita supranacional como implicando uma entidade acima da nação capaz de conferir uma cidadania própria, distanciando-se claramente da cidadania dos Estados federais, considerados verdadeiras nações e os seus cidadãos como detentores de uma verdadeira cidadania nacional. Invocando a natureza *sui generis* da União Europeia – *"que não se reclama um Estado Federal, e muito menos uma nação"* mas antes como *"a primeira comunidade política pós-moderna"* – Rabkin conclui que *"o resultado é que não existe uma verdadeira comunidade europeia ou uma verdadeira cidadania europeia. A cidadania europeia decorre da cidadania nacional"* [102].

Entre nós, Jorge Miranda recusa de igual forma a existência de uma cidadania europeia, afirmando que *"não há cidadãos europeus"* mas sim *"cidadãos de diferentes Estados europeus – aos quais são atribuídos certos direitos económicos e políticos comuns e nisto consiste, justamente, aquilo a que se chama cidadania europeia (sempre dependente ou consequente da cidadania própria de cada Estado comunitário)"* [103].

Discordando da crítica, revela-se assaz interessante percorrer o sintético trilho histórico que Rabkin traça e para sustentar a sua ideia: *"Quando os Estados fundadores do mercado comum assinaram o Tratado de Roma, em 1957, ninguém falou de cidadania comum. Apenas três anos antes, a Assembleia Nacional francesa tinha rejeitado o plano para uma força militar conjunta franco-alemã. É altamente duvidoso que os franceses pudessem ter aceitado, naquela altura, a ideia de uma cidadania comum com os alemães. Foram precisos mais trinta anos e quase o triplo do número de Estados na*

---

[101] "Porque é que a cidadania supranacional é uma má ideia", in *Cidadania e novos poderes...*, cit., pág. 151 e segs.

[102] *Idem...*, cit., pág. 152 e 156.

[103] Ob. cit., pág. 60.

*comunidade, para que o Tratado de Maastricht lançasse a noção de uma cidadania europeia comum. A utilização do termo faz parte de um esforço para fortalecer a legitimidade do governo europeu, que já tinha adquirido poderes muito consideráveis"* [104].

Outros autores, no entanto, defendem pontos de vista menos críticos, enquadrando a questão da cidadania europeia no âmbito da redefinição de conceitos e esquemas clássicos de participação e legitimação.

É o caso de Philippe Schmitter, autor norte-americano que entende a União Europeia como cenário inevitável das mudanças da pós-modernidade, simultaneamente *"parte e parcela dessas mudanças"*, organização que deve *"reflectir as transformações operadas na natureza dos actores (de cidadãos individuais em cidadãos colectivos) e no papel do Estado (da redistribuição em regulação) que estão a ter lugar nas «democracias internas» dos seus Estados-membros"*. E que deve, de igual forma, *"reconhecer e adaptar-se à sua imparidade como organização política não nacional, não estatal, multiestratificada e policêntrica, que acompanha uma variedade de culturas, línguas, memórias e costumes sem precedentes (para a Europa), esperando-se que governe eficazmente numa escala sem precedentes"* [105].

O estatuto de cidadão europeu representa, no quadro da legitimidade, um esforço no sentido de fomentar uma adesão positiva dos cidadãos dos Estados-membros ao projecto europeu, criando condições para a existência de um consenso social ou *demos* que legitime a Europa Unida e, simultaneamente, oferecer ao conceito de cidadania europeia contornos de maior inclusividade, por forma a fomentar a criação de um verdadeiro *ethos* da integração europeia. Neste esforço europeu impar encontramos, então, as ideias de cidadania pós-moderna e de cidadania pluralista.

Por um lado, a atribuição do estatuto de cidadão europeu será o suporte político e jurídico para a emergência de uma sociedade civil europeia ou comunidade política, como outros lhe preferem chamar, *"sem a qual se ficaria à mercê de um cru ou "incivilizado" mercado*

---

[104] Ob. cit., pág. 158-159.
[105] "O que há para legitimar na União Europeia...", *Cidadania...*, ob. cit., pág. 68-69.

*único*"[106]. A *compósita sociedade europeia* de que nos aproximámos no Capítulo I. O *grupo constituinte* em formação.

Por outro lado, o mundo cosmopolita e multicultural da globalização, que viu as suas fronteiras redefinirem-se não no sentido físico, mas no sentido das trocas – comerciais, de informação, de experiências culturais, sociais e políticas – exige das democracias nacionais uma maior inclusividade dos não-nacionais, uma maior protecção dos seus interesses.

Desta forma, a cidadania europeia serve de base a um duplo--movimento de inclusividade: em primeiro lugar, pela criação de mecanismos de representação de interesses de outros Estados no âmbito dos processos de decisão nacionais, quando tais decisões produzem efeitos transfronteiriços; depois, permitindo aos cidadãos da Europa um exercício de direitos mediado pela supranacionalização do seu estatuto, escolhendo o seu local de residência como ponto referêncial para a sua participação cívica e política. O alargamento dos direitos eleitorais, activos e passivos (*maxime* nas eleições locais), dos cidadãos europeus extrai consequências desta forma de inclusão, que, assim, traduz-se na possibilidade de escolha entre diferentes comunidades, sob a égide de uma comunidade política maior.

Para Catherine Withol de Weden, a cidadania europeia, "*projecto para um objecto político em mutação, suscita muito naturalmente interrogações permanentes. Nem por isso ela é menos eminentemente moderna porque plural, transnacional mesmo pós-nacional, não exclusiva, instrumental, enunciando mais direitos do que deveres, combinando dependências múltiplas de intensidade variável, dissociada da nacionalidade ao mesmo tempo que se apoia nela*"[107].

---

[106] FRANCISCO LUCAS PIRES, *Introdução ao Direito...*, cit., pág. 63. O autor, na sua obra *Amsterdão: do mercado único à sociedade europeia?*, densifica a sua ideia de sociedade civil europeia, como contrabalanço à lógica económica do mercado único: "*um mercado único, coroado por uma moeda única, mas carente de suficiente "união" ou solidariedade política, por um lado, e sem o respaldo jurídico e moral de uma sociedade civil europeia, por outro, constituiria um duplo risco. De facto, se é no plano político e institucional que se pode gerar o poder capaz de suprir as falhas do mercado, é no plano da "sociedade civil" que se pode gerar a autoridade suposta pela ética de uma ordem liberal consensualizável*" (cit., pág. 8).

[107] "A cidadania europeia está em crise?", *O novo Estado...*, ob. cit., pág. 49.

Será, então, a cidadania europeia o primeiro esforço no sentido congregador de um *demos* europeu. A base fundacional da União Europeia reside nos povos europeus, que aderindo de forma positiva a este empreendimento, conferirá ao processo a legitimidade que outros passos, ainda mais ambiciosos, reclamam. De facto, quando o Tribunal do Luxemburgo assumiu o Direito Comunitário como ordem jurídica autónoma, fê-lo tendo como referentes directos os povos da Europa[108]. O exercício de direitos de cidadania europeia é a primeira convocatória aos povos da Europa para que se sintam integrados numa comunidade política ou numa sociedade civil europeia, que se assume como o ponto (legitimador) de partida. É este referente que reclama uma organização constitucional do poder na União, não fosse a conclusão constitucional ser apresentada como a lógica sequencial do processo de integração, sem a precedência de um verdadeiro debate constitucional.

Maurice Duverger salienta, de modo pertinente, que *"não se fabricam Estados ou regiões como se redige uma Constituição. A identidade colectiva forja-se através de séculos, não em textos jurídicos"*[109]. Carla Amado Gomes, em concordância, frisa que, *"efectivamente, o factor mais resistente às mudanças sociais é o das mentalidades. Com a cidadania europeia verbalizou-se essa necessidade de assumir uma nova atitude de integração num todo mais vasto, que permitirá um estreitamento dos laços entre os povos, não por força dos instrumentos jurídicos mas das vontades"*. Para a autora, ante o desconhecimento e a incerteza dos povos europeus face à Europa, um Texto Constitucional que condense os objectivos, atribuições e valores da União, de forma simples e clara, *"seria um factor da maior relevância para a reunião do consenso das populações em torno do projecto de união política"*. Este consenso social, *demos* fundamento e fundamental do momento constitucional ainda em curso, reencontrar-se-ia com a aprovação de uma *Constituição Europeia*, oferecendo-lhe, então, a legitimidade social de que a Europa é, patentemente, deficitária.

---

[108] Por todos, *vide* Acórdão Costa v. Enel, de 1964 (caso 6/64) e o Acórdão Van Gend en Loos, de 1963 (caso 26/62).

[109] *A Europa dos Cidadões*, inédito, 1994.

Este movimento de legitimação social, que parte de um *demos* baseado na cidadania europeia *consequente*, procura o *grupo constituinte europeu*, aproximando-se este conceito não de um verdadeiro *ethos*, de um povo europeu que inexiste, mas de uma *consciência europeia* que transcendendo o consenso social, aproxima-se já da *pertença* à Europa-comunidade. Não será apenas o sentimento de uma comunidade de destino; não será, igualmente, o sentimento de uma comunidade de origem *stricto sensu*; será uma *identidade europeia*, experiência de identidades acumuladas na diversidade – a «europeianidade».

Bruno Jeanbart enfatiza que o sentimento de uma comunidade de destino, os europeus terão necessariamente, *"para aceitar a introdução de uma moeda única e não lamentar esta evolução, como são disso testemunho os inquéritos «Eurobarómetro» efectuados duas vezes por ano pela rede INRA (International Network Research Agency) para a Comissão Europeia. Do mesmo modo é necessário que os europeus aprovem pelo menos em parte esse sentimento para se declararem favoráveis em 63% a uma Constituição europeia, a um exército europeu, mesmo a uma política externa comum"* [110].

A «europeianidade» é, tal como a União que a procura e sustenta, uma empreitada em edificação gradativa. Acompanha o processo de crescimento e maturidade política da União Europeia. Se esta começou por ser uma *entidade-solução*, baseada numa cidadania económica – e para muitos, este continua a ser o paradigma de legitimação, a *Europe des Patries de* De Gaulle – e na variante utilitário-económica da democracia de Schumpeter e Weber, que entende o sistema democrático primacialmente como um método de agregação preferencial, hoje será uma comunidade baseada em valores comuns, que oscila entre a concepção da democracia como um modo de vida e cultura e o conceito cosmopolita de pendor federalista [111].

Ora, se é certo que a cidadania europeia baseia-se ainda no modelo internacional e na fórmula gaulista – *"tal como nos tempos da Confederação Germânica a cidadania alemã era conferida a*

---

[110] Ob. cit., pág. 26.
[111] Cfr. ERIK ODDVAR ERIKSEN e JOHN ERIK FOSSUM, "Europe in Search of Its Legitimacy, Assessing strategies of legitimation", *Arena Working Paper*, CIDEL, 2003.

*todo aquele que fosse cidadão de um dos seus Estados constitutivos, também segundo o Tratado da União Europeia a cidadania europeia é conferida a todo o cidadão de um dos seus Estados-membros, e não o contrário"* [112] – não é menos correcto afirmar que hoje a premissa primeira da União é a cidadania social e cultural, comungando valores estruturais de uma sociedade e cultura.

De facto, *"estes valores definem a cidadania europeia e tecem o suporte cultural dos Europeus de maneira transversal: democracia, economia de mercado (que não alcançava uma tal unanimidade antes da queda do muro de Berlim), individualismo, laicidade – sob formas mais ou menos marcadas –, universalidade dos direitos do Homem, solidariedade do Estado-providência apesar das reformas levadas a cabo"* [113]. A União Europeia é hoje uma entidade axiologicamente fundamentada, congregada em torno de valores ético-culturais, direitos económicos, sociais e culturais – já antes plasmados na Carta Europeia dos Direitos Fundamentais – geradores de um sentimento de pertença e de uma *consciência europeia*. Que no entanto clame por uma maior galvanização dos *conscientes cidadãos europeus* que, partilhando uma identidade ética e cultural, mantêm-se indefinidos quanto a quem são, e quem querem efectivamente ser, não pondo em prática esse *"être-soi"*.

No âmbito dos trabalhos da Convenção sobre o Futuro da Europa, a Comissão apresentou um anteprojecto que veio a ser conhecido como *"documento Penélope"*, qualificando a União, de forma expressa, como uma *"Comunidade de Valores"* – uma orientação feliz, na opinião de Fausto de Quadros, que acabaria por ficar plasmada no artigo I-3.º do Tratado Constitucional, dispondo: *"a União funda-se nos valores do respeito pela dignidade humana, da liberdade, da democracia, da igualdade, do Estado de Direito e do respeito dos direitos, incluindo dos direitos das pessoas pertencentes a minorias. Estes valores são comuns aos Estados-Membros, numa sociedade caracterizada pelo pluralismo, a não discriminação, a tolerância, a justiça, a solidariedade e a igualdade entre mulheres e homens"* [114].

---

[112] ANTÓNIO FIGUEIRA, ob. cit., pág. 67.
[113] CATHERINE WITHOL DE WENDEN, ob. cit., pág. 50.
[114] FAUSTO DE QUADROS, "O conteúdo e os valores....", ob. cit., pág. 189-190. O autor afirma a importância deste dispositivo, nomeadamente porque *"o núcleo central do património*

A «*europeianidade*» parece guardada para um momento derradeiro de integração política, erguida sobre uma concepção cosmopolita e pós-nacional da democracia e sobre um conjunto de pressuposições constitucionais e comunicativas Habermasianas – uma união multicultural e pós-nacional.

Este cenário apenas será viável caminhando-se, então, para uma solução federal, como o próprio Habermas defende? Os *soberanistas* e *eurocautelosos* manifestariam, de imediato, a sua oposição a um trilho eminentemente federal. No entanto, se revisitámos já o classicismo de inúmeros conceitos, porque não explorar as múltiplas vias que soluções para-federalistas podem oferecer?

Por um lado, o federalismo é um método, e como tal conhece várias formas [115]. Por outro, uma *nova Europa separada das suas velhas nações* conheceria uma viabilidade referente ao *status* normativo e à relevância empírica de enorme espectro. Para além da potencial exequibilidade de um modelo pós-nacional, a solução que viabiliza "*é a mais realista e a que melhor se adequa à sua diversidade cultural*" escapando, então, "*ao «estado de natureza» que caracterizou anteriormente a existência da sociedade internacional europeia e substituindo-o por um conjunto de regras estabelecidas através de um processo de deliberação democrática, as nações ofereceriam à Europa (no seu todo) os benefícios da paz civil que cada uma delas conseguiu no passado para si própria*" [116].

Já hoje unida na diversidade, elemento constitutivo de uma «europeianidade», a Europa pós-moderna constrói-se sobre um conjunto de valores-herança irrenunciáveis, presentes desde antes dos medievos tempos europeus:

---

*cultural e político da União passa a ser formado por estes valores. Isto quer dizer que a União não vai ser norteada apenas por objectivos economicistas, mercantilistas ou monetaristas, não vai ser apenas uma construção técnica, não vai ser acrítica ou neutra quanto a princípios básicos que norteiam uma comunidade política, nem os vai erguer a meras regras formais ditadas por um abstracto normativismo, como a expressão "princípios" até agora utilizada no artigo 6.º, n.º 1, TUE, pode dar a entender*".

[115] Sobre o federalismo, *vide*, entre nós, José F. F. Tavares, "O federalismo – sua caracterização. Contributo para o estudo da natureza da União Europeia e das Comunidades Europeias", *Estudos de Administração e Finanças Públicas*, Almedina, 2004, pág. 49.

[116] António Figueira, ob. cit., pág. 99-101.

*"Nos arredores de Ypres, antiga cidade flamenga, existem 170 cemitérios militares no meio dos prados, cujas lápides assinalam o motivo pelo qual, durante as duas Grandes Guerras, morreram soldados de, pelo menos, 20 nações:* "Morts pour la France"; "For King and Country"; "Deutschland muss leben". *Todas as tardes, os clarins do corpo de bombeiros de Ypres reúnem-se para interpretar* "A Homenagem aos Mortos", *em honra dos caídos em combate (...) onde se misturam com os espíritos dos milhares de mortos durante as guerras europeias que tiveram lugar no sangrento séc. XX.*

*No entanto, a apenas uma hora de distância de carro, atravessando a planura da terra agrícola da Flandres, ergue-se um cintilante monumento comemorativo da nova Europa. Em Bruxelas, nas modernas torres de escritórios do Quartier Léopold, estão sediadas muitas das instituições da União Europeia – esforço ambicioso para criar um continente tão integrado e interligado que torne impossível a guerra. Desde o seu lançamento, pouco depois da Segunda Guerra Mundial, sob a forma de um acordo comercial para o carvão e o aço, este novo figurino da Europa cresceu de forma acelerada: primeiro foi Mercado Comum, depois Comunidade Económica Europeia, até se tornar na actual União de 15 países. A União Europeia tem parlamento, declaração de direitos, sistema judicial, moeda, bandeira, hino e um exército de 60 mil homens"* [117].

Esta dinâmica edificadora que vai já da *cidadania europeia consequente* à *consciência europeia* e, ambicionamos, será em breve «europeianidade», experiência de identidades acumuladas, é o substrato constituinte da União Europeia. Será, no estádio último, o seu *grupo constituinte*. Só a participação directa deste *demos*, ainda que sem *ethos*, no momento constitucional fará da *Constituição Europeia* mais do que uma *EUtopia*. Sendo o seu substrato fundacional, reclama da União um *impulso legiferante constitucional* bastante, que, finalmente, associe os povos europeus ao projecto da «europeianidade». Uma relação de interdependência que não deixa de ser instrumental entre *demos* e edifício constitucional.

---

[117] *National Geographic*, Número 10, Janeiro de 2002, pág. 2.

## III
# Legitimidade e Constituição

> *Les progrès de l'esprit humain, les révolutions qui s'opèrent dans la marche de nos connaissances, impriment à chaque siècle son caractère (...) La philosophie du siècle dernier a été révolutionnaire; celle du XIXe siècle doit être organisatrice.*
>
> CLAUDE-HENRI DE SAINT-SIMON
> *De la réorganisation de la société européenne*
> (Avant-propos)

## 1. A Europa pré-constitucional – referências temporais de médio prazo

De acordo com a narrativa clássica de Marshall, é possível traçar uma ordem sequencial da integração europeia tendo o médio prazo como referente temporal, encontrando os seus *momentos pré-constitucionais*.

Nesta cronologia recente da União, *aos direitos civis seguiram-se os direitos políticos, e em seguida os direitos sociais, e esta sequência serve para legitimar a União Europeia*[118].

Encarando a União como um *"laboratório democrático europeu"*[119], onde se procura a fórmula geradora de um verdadeiro *grupo*

---

[118] A expressão, apropriada e adaptada, é de Marshall.
[119] A expressão é de MURIEL ROUYER, em "La Constitution comme voie d'accès à une démocratie de grande échelle", *Uma Constituição para...*, ob. cit., pág. 59 e segs..

*constituinte* e edificando-se a União política e unidade constitucional sobre a cidadania e a *consciência europeia*, é crucial analisar a cronologia de momentos que, pelas suas características intrínsecas, revelam o caminho seguido até ao momento constitucional a que assistimos. Não deixa de ser revelador e de grande significado que os *momentos pré-constitucionais*, enquanto factos destacáveis da história recente da União Europeia, se concentrem sobretudo na década de 90 e no novo século. O que, historicamente, atesta a teoria avançada no último ponto do Capítulo anterior.

Atentemos, então, na seguinte tabela cronológica, prelúdio da derradeira investida sobre a dúplice perspectiva da problemática da legitimação e a estratégia constitucional. Remataremos, criticando a realidade mas idealizando, simultaneamente, outra: a nossa *EUtopia*.

### Momentos pré-constitucionais
### Referência temporal de médio prazo

| | |
|---|---|
| 1973 | Declaração de Copenhaga sobre a Identidade Europeia |
| 1979 | Eleição directa do Parlamento Europeu, tendo sido discutido um método eleitoral totalmente harmonizado |
| 1984 | Projecto Spinelli [120] |
| 1992 | O Tratado de Maastricht e a nova fase na integração económica, o mercado único: o europeu não apenas como agente económico, mas como cidadão |
| 1994 | 10 de Fevereiro: Constituição Europeia proposta pelo Parlamento Europeu (Resolução A3-0064/95) |
| 1996 | O Tratado de Amesterdão e os direitos sociais do cidadão europeu |
| 2000 | 7 de Dezembro: Aprovação da Carta dos Direitos Fundamentais da União Europeia, em Nice |
| 2001 | 26 de Fevereiro: Assinatura do Tratado de Nice, e a preparação do alargamento: a ideia de *constituição-processo* em destaque (pese embora só tenha entrado em vigor em 2003) |

---

[120] Cfr. Capítulo I, ponto 2.3..

| 2001 | 14 e 15 de Dezembro: A *"Declaração de Laeken sobre o futuro da União Europeia"* (Conselho Europeu) |
|---|---|
| 2002 | 1 de Janeiro: Entrada em circulação do euro |
| 2002 | 27 de Fevereiro: A *"Convenção sobre o futuro da Europa"* (início dos trabalhos) |
| 2002/3 | Os preparativos para o alargamento |
| 2003 | 20 de Junho: Apresentação do *"Projecto que estabelece uma Constituição Europeia"* por Valéry Giscard D'Estaing ao Conselho Europeu de Salónica |
| 2004 | 1 de Janeiro: A Europa dos 25 |
| 2004 | 18 de Junho: Adopção do Tratado Constitucional por unanimidade |
| 2004 | 29 de Outubro: Assinatura do Tratado Constitucional em Roma pelos Chefes de Estado e de Governo dos 25 Estados-Membros e dos 3 países candidatos |
| 2005 | Início dos procedimentos de ratificação do Tratado Constitucional nos 25 Estados-Membros e 3 países candidatos, de acordo com as tradições jurídico-constitucionais dos vários países |

## 2. Legitimidade e estratégia: a prioridade da legitimação social face à legitimação democrática

A agenda da *Convenção sobre o futuro da Europa* reflectia – na senda do debate pré-constitucional que antecedeu o início dos seus trabalhos e que se prolongou para além da apresentação do projecto *de* Giscard D'Estaing – as estratégias de resposta à crise de legitimidade da União Europeia, que se mantêm em debate.

Tais estratégias expressam, essencialmente, duas correntes de opinião: uma primeira que privilegia a organização democrática da União, por recurso à tradicional democracia dos Estados-nação; uma segunda corrente que prefere a legitimação por via dos Estados--membros, reinstalando o controlo nacional sobre o processo de União política.

Todavia, este debate centra-se sobretudo nos regimes de legitimação, descurando-se a procura das verdadeiras bases legitimadoras. Ou seja, os discursos têm seguido uma lógica de antecipação à questão fundamental: a legitimação da União Europeia passa por encontrar a sua base fundacional, a sua génese e suporte e, consequentemente, o seu destino ou destinatários primeiros e últimos. Só *a posteriori* fará sentido discutir mecanismos que mobilizem politicamente a base fundacional desta autoridade política independente dos Estados-nação, instrumentos que, nesse instante ulterior, aperfeiçoem o exercício de direitos no quadro de uma democracia europeia, por uma sociedade civil mobilizada e consciente da sua condição europeia.

Dito de outra forma, a crise de legitimidade da União Europeia e a sua resposta constitucional, comporta em si duas questões fundamentais, de níveis distintos:

a) a primeira questão prende-se com a base legitimadora da União Europeia, com a sua existência enquanto comunidade política: existe uma base fundacional que suporte tal existência? Qual?
Localizamo-nos, neste primeiro nível, no âmbito da legitimidade social da União Europeia, questão que perseguimos desde o início da empreitada a que nos comprometemos.

b) a segunda questão prende-se já com os regimes legitimadores, com o quadro institucional e intra-relacional e com os mecanismos de mobilização política no quadro de uma democracia europeia.
Estamos, aqui, na questão segunda da legitimidade democrática da União Europeia.

A prioridade de uma *Constituição Europeia* será assimilar a premente necessidade de revisitação dos conceitos tradicionais de democracia, de cidadania, e mesmo de Constituição, que aqui deixa de ser *a fundação, o fundamento e o fundamental* do Estado-nação, para ocupar o seu lugar na pós-modernidade organizacional que traz ao cidadão *supranacional, cosmopolita* ou *europeu* uma comunidade política supranacional mobilizadora.

Nas palavras de Gomes Canotilho, "*a complexidade política e jurídica criada pela comunidade jurídica dos povos dos estados integrados na União Europeia lança novos desafios à teoria da constituição*. Esta terá agora de teorizar a *"arte da forma supranacional"* e de fornecer suportes dogmáticos para a compreensão de uma nova ordem jurídica"[121].

## 3. As estratégias em debate

No âmbito de tal debate, isolamos, com Miguel Poiares Maduro[122], quatro estratégias de legitimação distintas congregando, cada uma, diversas variantes[123]. Encontramos, todavia, um denominador comum a todas as estratégias avançadas.

Assim:

1) **A estratégia da legitimação através da reforma institucional** – ou, como o autor prefere, a *estratégia das maiorias* – importando o modelo democrático tradicional dos Estados-

---

[121] Ob. cit., pág. 1324. Continua o autor, caracterizando esta nova ordem jurídica, *"(1) que cria direitos de aplicação preferente relativamente ao direito dos estados-membros e cujos destinatários (sujeitos de direito) são não apenas os estados mas também os cidadãos europeus; (2) que possui órgãos e poderes de decisão supranacionais ("supranacionalismo decisório"); (3) que densifica o princípio constitucional comunitário da integração supranacional sem deixar de observar os princípios de estatalidade ou existência dos membros, da autonomia constitucional nacional e da identidade nacional dos membros; (4) que articula a supranacionalidade normativa e decisória com a observância do princípio de atribuição específica de competências (e não de uma transferência global de competências dos estados para a "União"); (5) que está vinculada a princípios jurídico-materiais e a princípios de competência como os princípios jurídicos gerais incorporados em direitos fundamentais comuns aos estados-membros, o princípio da subsidiariedade e o princípio da coesão social".*

[122] "Where To Look For Legitimacy?", *ARENA European Conference 2002: Democracy and Governance in Europe*, 4-5 February, Oslo.

[123] CARLOS CLOSA e JOHN ERIK FOSSUM propõem três vias de legitimação democrática, assumindo três noções distintas de democracia, com diferentes modelos de legitimação e modelação da União Europeia. Assim, (1) assumindo uma noção económico-agregadora de democracia, lograremos obter uma eficiência legitimadora que fará da União Europeia uma entidade resolutória dos problemas que assolam o projecto europeu; (2) a democracia republicano-comunitária oferecerá à União uma identidade colectiva, fazendo desta uma comunidade baseada em valores; por fim, (3) a democracia cosmopolita propõe um modelo de legitimidade baseado na ideia de justiça e equidade, baseando a União nos direitos fundamentais que confere e tutela ("Constitution making and democratic legitimacy in the EU", *CIDEL*, Zaragoza Workshop, 2003. Tradução da Autora).

-nação para o seio da União Europeia. Esta estratégia orienta-se no sentido das formas federais tradicionais.

O Tratado de Nice e a *Declaração de Laeken sobre o futuro da Europa* atribuíram um papel fulcral à reforma institucional democrática, aproximando o modelo institucional do modelo democrático nacional.

No entanto, como refere Poiares Maduro, "*o constitucionalismo requer uma noção de democracia que vai para além das maiorias de decisão*", pois, na verdade, "*o constitucionalismo trata do equilíbrio entre a vontade democrática da maioria e os direitos da minoria*". De facto, "*ao falar-se de uma democracia Europeia, assumimos que a jurisdição relevante para medir tal democracia será a comunidade política Europeia e já não o Estado-nação*" [124].

2) **A estratégia dos Direitos Fundamentais**, que se concentra no papel da Carta dos Direitos Fundamentais, adoptada em Nice.

Enquanto estratégia de legitimação, a Carta tem um alcance muito limitado. Por um lado, não há uma leitura unanime da sua significância: alguns autores – junto dos quais nos posicionamos – vêm na Carta um *momento pré-constitucional* no processo de integração; outros entendem a Carta como o resultado de uma simples codificação de *standards* pré-existentes. Funcionalmente, e ainda que venha a tornar-se vinculativa, a Carta estará sempre próxima do Tribunal de Justiça das Comunidades Europeias, cujos critérios de protecção oferecem já tutela semelhante aos fornecidos pela Carta.

O reconhecimento de direitos inerentes à qualidade de cidadão europeu é um ponto essencial no âmbito de uma estratégia de legitimação adequada. Será, todavia, em moldes distintos daqueles que a Carta condensa.

3) **A estratégia da delimitação clara de competências**, através de um catálogo de competências ou de um critério normativo abstracto, que a história já provou falharem. E, posto desta forma, parece-nos clara a menos valia desta estratégia como fonte de uma verdadeira legitimidade para a Europa.

---

[124] "Where to look...", ob. cit. (a tradução é nossa).

No entanto, operando uma conversão do ponto de partida, podemos reconduzir esta estratégia ao caminho que nos parece apropriado. Numa lógica participativa e de cidadania europeia, a questão deverá colocar-se da seguinte forma: quem decide como atribuir as competências e como estas devem ser exercidas?[125].

4) A **estratégia constitucional**, adoptada na *Declaração de Laeken sobre o futuro da Europa* como objectivo e elemento essencial na estratégia de legitimação da União. Defendida há muito pelo Parlamento Europeu – como observámos no Capítulo I –, assumiu-se expressamente em Laeken, na senda do mandato de Nice, que uma constituição formal deveria substituir ou complementar os Tratados, estabelecendo-se os princípios constitucionais, os direitos fundamentais e a organização política da Europa unida.

## 4. A estratégia constitucional

Esta estratégia constitucional encontra, em si própria, diversas variantes. O momento constitucional criado pela vontade dos Estados-membros, e conduzido pela *Convenção sobre o Futuro da Europa* – que, pese embora não seja oficialmente uma convenção constitucional, vimos já, foi designada por Giscard d'Estaing, de forma algo ambiciosa, como a *"Filadélfia europeia"* – resultou na adopção e assinatura pelos Estados-membros, de um *Tratado Constitucional*.

Colocando de lado a ambiguidade do método e do conteúdo, da Convenção e das Conferências Intergovernamentais que se lhe seguiram, esperava-se um texto que prosseguisse essencialmente um de quatro fins:

1) A criação de uma *autoridade última*;
2) A criação de um consenso social em torno da integração europeia, um *demos* europeu;
3) A regulação dos destinos europeus de forma constitucional, com base num texto constitucional que não resulte do exercício de um *pouvoir constituant*;

---

[125] *Idem...*

4) A simplificação e transparência dos processos decisórios, sendo a constituição, desta forma, apenas um documento simplificado.

Por referência ao *"Tratado que institui uma Constituição para a Europa"*, e atendendo à realidade do debate europeu, o primeiro destes fins não é, por agora, uma ambição realista. A criação de uma autoridade última poderá, porventura, surgir em momento ulterior, como resposta à questão segunda da problemática da legitimidade democrática.

A última das finalidades enunciadas pouco ou nada acrescentaria à União Europeia, em matéria de legitimação. Aliás, apesar das insuficiências do texto final, não nos parece que o resultado seja passível de recondução a um simples documento simplificado a que, redundantemente, chamaríamos "constituição".

Quedam, assim, duas alternativas para análise: a preterição do exercício do poder constituinte, regulando os destinos europeus de forma constitucional mas assumida pelos Estados-membros no exercício da sua soberania – uma aproximação clara ao Direito Internacional Público; a resposta à questão primeira da problemática da legitimidade social, convocando os cidadãos europeus a uma adesão positiva, única forma de reunião do consenso social necessário, e que passa pela revisão supranacional do constitucionalismo clássico – aproximando-nos, aqui, de um verdadeiro constitucionalismo europeu.

Qualquer uma destas vias passa pela resposta às questões que reclamam solução premente:

a) a questão da linguagem constitucional – temos, afinal, uma *Constituição*, um *Tratado* ou um *Tratado Constitucional*?
b) a questão do envolvimento popular no processo da adopção – será exercido o poder constituinte pelos seus únicos detentores?

Portanto, linguagem constitucional e poder constituinte – eis as questões. Cumpre averiguar em que medida foi cumprido o mandato de Nice.

Um Tratado Constitucional passa por uma base de aceitação e por uma forma relacional diferente, implicando a aprovação pelos próprios Estados-membros, numa lógica inter-estadual, bem como um processo de revisão que exija unanimidade para a aprovação de alterações ao Tratado – uma exigência impregnada pelo princípio da soberania igualitária e pelo princípio do consenso, princípios típicos e basilares do Direito Internacional Público, e não de qualquer forma de constitucionalismo.

Uma Constituição exigirá como base de aceitação a participação popular – aqui, dos povos da Europa – e uma forma relacional que passa pela exigência de uma maioria na aprovação de revisões constitucionais, numa lógica de dinâmica, de *constituição viva, constituição-processo*, a única que poderá servir uma Europa em alargamento. A regra da maioria reflecte uma vontade comum de associação colectiva, de lealdade e compromisso, sem que haja uma demonstração de poder, de bloqueio. Por seu turno, a aprovação do Texto Constitucional pelos povos da Europa, no exercício do poder constituinte, *"no seu status de membros de comunidades nacionais, afirmará o status quo constitucional, independentemente do conteúdo do documento"*, afirma Joseph Weiller [126].

O autor entende que a aprovação de uma Constituição é *"um convite voluntário, consciente e autónomo criador, através dos tempos, de uma comunidade política, de um demos e de uma lealdade colectiva"* e adiantando que *"o demos necessário para aceitar a constituição é constituído, legalmente, por essa mesma constituição, e muitas vezes esse acto de aceitação está entre os primeiros passos tendentes a despoletar uma noção social e política de demos constitucional"* [127].

Pese embora tenhamos frisado ao longo deste estudo a redefinição de conceitos clássicos imposta pelo multiculturalismo inerente à pós-modernidade organizacional – incluindo nesta redefinição o próprio conceito de Constituição e seus pressupostos básicos – a existência de um consenso social, de um *demos* legitimador não é apenas pressuposto essencial da *Constituição Europeia*, antes será requisito fundamental para a legitimação da União

---

[126] "A Constitution for Europe? Some Hard Choices", *Integration in an Expanding European Union, Reassessing the Fundamentals*, Blackwell Publishing, 2003, pág. 20 (tradução nossa).
[127] *Idem*...

Europeia, não necessariamente enquanto Federação, mas necessariamente enquanto *"Estados Integrados da Europa"*.

Assim, só uma Constituição resultante do exercício do *pouvoir constituant* dos cidadãos europeus será convocatória suficiente para a densificação do existente *demos* europeu, e só esta será resposta cabal à questão primeira da problemática da legitimidade social, equacionando a adição de um verdadeiro *ethos* a esta fórmula. Salientam John Erik Fossum e Agustín Menéndez, *"se os cidadãos europeus conseguirem ver-se a si próprios como autores das normas basilares do Direito Comunitário, tal será, sem dúvida, um passo muito significativo no sentido de reduzir a forma como os europeus encaram tal ordenamento, como sendo imposto por uma entidade externa ou, de outra forma, reduzirá o carácter de heteronomia do ordenamento jurídico europeu"* [128].

### 4.1. Linguagem constitucional

O *"Tratado que institui uma Constituição para a Europa"* revela-se portador de uma ambiguidade que reflecte o paradoxal binómio que o seu título comporta: quanto à origem, este *Tratado* não resulta do exercício de poderes de uma autoridade normativa, de um *demos*, sendo aqui *Tratado* e não *Constituição*; quanto à forma de poder, estabelece um modelo constitucional de organização política e económica, sendo aqui mais *Constituição* do que *Tratado*.

Ou, nas palavras de Fausto de Quadros, o *"Tratado que institui uma Constituição para a Europa"*, não deixando de ser um Tratado de Direito Internacional é, efectivamente, Constitucional, *"no sentido material de Constituição, isto é, um Tratado que incorpora o esqueleto de uma Constituição em sentido material, porque, tomando o Estado como referência, define os princípios e os valores constitucionais da União, diz quais são as suas atribuições e como se repartem as atribuições entre a União e os Estados membros, cria um aparelho orgânico para permitir à União realizar as suas atribuições, estabelece os direitos fundamentais dos cidadãos da União e define um*

---

[128] "The constitution's gift, A deliberative democratic analysis of the constitution making in the European Union", *CIDEL*, Zaragoza Workshop, June, 2003.

*sistema de garantias para a salvaguarda do princípio da legalidade comunitária e para a protecção dos direitos fundamentais*"[129].

Da aliança entre este binómio paradoxal e a utilização de uma linguagem constitucional, nascem as bases fundacionais de um processo marcadamente constitucional, mas que, enquanto momento constitucional, frustra expectativas. O verdadeiro *momento constitucional* encontra-se, apenas, no porvir.

Neste cenário de relativização das expectativas legitimadoras, a utilização de uma linguagem constitucional pode abrir caminho e assumir-se, *per si*, como mecanismo de legitimação, pela aproximação das jurisdições e dos povos europeus a uma *Constituição* que, não sendo um verdadeiro e formal texto constitucional, não deixa de o ser materialmente, é sua.

### 4.2. Exercício do poder constituinte

Assinado em 29 de Outubro de 2004, em Roma, pelos Chefes de Estado e de Governo dos vinte e cinco Estados-membros e dos três países candidatos, o *"Tratado que institui uma Constituição para a Europa"* entrará em vigor quando todos os Estados-membros – aqui, países signatários – aprovarem internamente este instrumento. A ratificação acontecerá, tendo já acontecido, em alguns países, em conformidade com os ditames constitucionais próprios de cada Estado, espelho das tradições históricas e jurídicas da Europa.

De modo geral, a ratificação sucederá através de um de três procedimentos:

1. ratificação parlamentar, pela votação na câmara ou câmaras parlamentares, exigindo-se, via de regra, uma maioria qualificada, na sequência da qual o Tratado Constitucional é adoptado.

---

[129] "O Conteúdo e os Valores da Constituição Europeia", *Uma Constituição...*, ob. cit., pág. 194. O Professor de Lisboa frisa que " *é a própria chamada "Constituição" que recusa essa designação, para se autocaracterizar como tratado internacional. E esse comportamento da Convenção foi consciente e adequa-se ao regime que o Projecto definiu para o Tratado*".

2. ratificação referendária, através da realização de um referendo nacional que convoca os cidadãos a votar directamente o texto do Tratado Constitucional. As maiorias requeridas para a sua aprovação são variáveis, podendo determinar, inclusive, a vinculatividade ou não dos resultados.
3. ratificação mista, pela combinação das duas fórmulas, ou variações semelhantes.

O próprio *"Tratado que institui uma Constituição para a Europa"* prevê a data da sua entrada em vigor: 1 de Novembro de 2006. Neste sentido, todos os Estados signatários devem ratificar, notificar e depositar os respectivos instrumentos de ratificação até essa data, por forma a que o texto possa produzir os seus efeitos.

Ora, o método escolhido pelos Estados-membros na Conferência Intergovernamental Irlandesa, em 18 de Junho de 2004, não deixa margem para dúvidas ou ilusões *prótoconstitucionais*: estamos perante um tratado internacional, do ponto de vista formal. De conteúdo vincadamente constitucional, herança dos Tratados de Roma e da União Europeia, e da Carta Europeia dos Direitos Fundamentais, que agora se fundem num só texto.

A inclinação para a convocatória aos povos da Europa conhecia um espectro muito alargado. Jacques Deloirs, nas suas *"Memórias"*, alvorou: *"não esqueçamos que não faltam aos cidadãos inteligência e bom senso e que só querem compreender o que está em jogo nos seus destinos colectivos e individual. Porque não haveriam de decidir participar e empenhar-se mais? É umas das razões por que gostaria que o novo tratado fosse objecto de um referendo, no mesmo dia, em todos os países da União. Claro que os resultados contariam por países, uma vez que nenhum Estado-membro pode ser arrastado por um caminho que não tenha escolhido. Mas esta campanha comum nos vinte e cinco países teria uma repercussão indiscutível e provocaria úteis tomadas de consciência"* [130].

Peter Badura, por seu turno, afirma a que *"o poder constituinte europeu – uma figura da jurisprudência que apenas designa a legitimidade da Constituição – emana do povo dos respectivos Estados*

---

[130] JACQUES DELOIRS com JEAN-LOUIS ARNAUD, *Memórias*, (trad. CARLOS VIEIRA DA SILVA e MÁRIO CORREIA), Quetzal Editores, Lisboa, 2004, pág. 442.

*unidos na União (s. v. artigo 189.º, n.º 1, TCE). O objectivo avançado de uma intensificação da união política dos Estados da Europa funcionalmente num quadro normativo unificado (Jürgen Schwarze) só pode ser atingido por tratado e com fundamento na soberania popular, efectivamente organizada e em funcionamento nos Estados membros"* [131].

Em suma, com Muriel Rouyer, *"neste quadro, o povo europeu existe a partir das suas ligações no contexto de diversos* demoi *nacionais. Resta-lhe proclamar a sua Constituição"* [132].

De facto, apenas pelo exercício do poder soberano dos povos europeus poderíamos obter uma *Constituição Europeia* em sentido formal. Após o processo convencional que, congregando parlamentares europeus e dos Estados-membros, governante europeus e nacionais, gerou um projecto, depois aprovado e assinado pelos Estados--membros e que hoje dá pelo nome de *"Tratado que institui uma Constituição para a Europa"*, falha o momento derradeiro de constitucionalização formal: a consulta aos povos da Europa que, a par com os Estados, formam o substrato de soberania compósita da União Europeia.

Em rigor, este *"Tratado que institui uma Constituição para a Europa"* promove a regulação dos destinos europeus de forma constitucional, com base num texto materialmente constitucional, que não resulta do exercício de um *pouvoir constituant*. De igual modo, o debate gerado em torno deste Tratado que institui uma Constituição, sobretudo nos países onde a ratificação siga a via referendária, será um importante estímulo e reforço ao consenso social em torno da integração europeia – embora não proceda à criação deste *demos* europeu que, na nossa perspectiva, existe já.

---

[131] Ob. cit., pág. 75.

[132] Muitos outros autores pronunciaram-se a favor da realização de um referendo à escala europeia, embora no seio de cada Estado, tal como JÜRGEN HABERMAS, como referimos no ponto 1.2. do Capítulo II. Entre nós, e entre outros, CARLA AMADO GOMES vem proclamando a necessidade *"de os povos sejam consultados, em referendo constituinte, pois aí estaremos perante uma alteração radical no modelo de organização política dos Estados e, em última análise, estará em causa a identificabilidade do Estado enquanto projecto histórico temporalmente demarcado"* ("A Evolução do Conceito de Soberania, Tendências recentes", *Scientia Ivridica*, 1998, Julho/Dezembro, n.ºs 274/276, pág. 210).

Relembremos, em tarefa comum com o antigo Presidente da Comissão Europeia Jacques Deloirs, que *"para traduzirem em realizações concretas as suas ambições originais – paz, prosperidade, influência –, os pais da Europa – Robert Schuman, Jean Monnet, Paul-Henri Spaak, para referir apenas estes – tiveram de imaginar um modo de proceder que fosse original, em razão da novidade do projecto, e ao mesmo tempo aceitável para todos os países envolvidos na aventura. Daí a ideia de associar as nações de uma forma suficientemente audaz, mas em domínios em que a partilha da soberania fosse julgada necessária pelos governos. Vemos assim surgir, em 1950, o método da engrenagem, que é um método de pequenos passos. Ouçamos mais uma vez o que Robert Schuman dizia no seu apelo de 9 de Maio de 1950: «A Europa não se fará de uma só vez, nem numa construção de conjunto, mas através de realizações concretas que criem solidariedades de facto...»"* [133].

O *"Tratado que institui uma Constituição para a Europa"* dos *"pequenos passos"*, resultante da Convenção e das Conferências Intergovernamentais que se lhe seguiram, é um projecto meritório e que acaba por concretizar, parcialmente, algumas das finalidades que, à partida, poderiam estar adstritas à estratégia constitucional decorrente do mandato de Nice e da Declaração de Laeken. A simples utilização de uma linguagem constitucional, por si só, afirma a importância do momento, representando um pequeno-grande passo para o futuro da Europa.

A nossa *EUtopia*, essa, encontrará realização numa verdadeira *Constituição Europeia*. Que materialmente pré-existe – de forma cada vez mais intensa e em reforço crescente – à formalidade socialmente legitimadora. Aos criadores do *"Tratado que institui uma Constituição para a Europa"* pedia-se, no entanto, uma simplificação dos textos dos Tratados fundidos num só instrumento que abrisse portas a uma identificação do cidadão europeu com esta *Constituição-Tratado*.

---

[133] Ob. cit., pág. 412.

## 5. A nossa *EUtopia*: a «europeianidade»

Se assentarmos a questão constitucional europeia no constitucionalismo nacional, não superaremos, nunca, a crise de legitimidade social: a União Europeia surge como resposta à crise de legitimidade do Estado-nação, à sua incapacidade para garantir a coesão social, para manter vivos os laços de solidariedade cívica, reportando-nos à sua essência original. Paradoxalmente, e porque a União Europeia surge, para os europeus, como o novo paradigma organizacional, próprio da era pós-moderna, a crise de legitimidade do Estado-nação transfere-se para o patamar supranacional. Porquê? Existirá uma identidade de origens, conceitos, bases que explique esta transferência?

Respondemos a esta questão ao longo da análise que ora concluímos: não. Enquanto resposta à incapacidade estadual em lidar com as novidades do multiculturalismo, a União Europeia só encontrará o seu lugar na história ao revisitar os conceitos clássicos de cidadania, território, constituição.

O erro histórico na base da crise de legitimidade europeia, é a atracção pelas bases de sustentação do Estado para explicar o fenómeno integracionista europeu, a tentativa de explicar a União Europeia através dos velhos clássicos do Estado-nação, de fazê-la caber num território, num povo, numa nação que não existem e que não têm de existir enquanto fontes de legitimação de uma *outra* comunidade política. E, por fim, na tentativa de encontrar mecanismos de mobilização da base fundacional dessa comunidade, sem antes apurar qual é essa base fundacional. Mais ainda, na expectativa de dotar a Europa de uma Constituição sem antes encontrar, de facto e de direito, o seu referente. Estaremos a começar pelo fim?

Uma *Constituição Europeia* não criará, como a Constituição dos Estados Unidos da América criou há duzentos anos, um *Estado, uma Nação, um Povo*. Mas, pela importância histórica que a simples utilização linguística do termo "Constituição" consigo transporta, e pelo exercício de um poder constituinte pelos cidadãos europeus – ainda que tortuosos sejam os caminhos de tal exercício –, solidificará o resultado evolutivo da história da sociedade europeia, promoverá o reencontro da União Europeia com a sua base fundacional: o *demos* europeu.

Depois deste primeiro momento de mobilização, a plataforma de debate constitucional assim criada será o suporte de todos os outros momentos pós-constitucionais que caracterizam a vida (constitucional) de qualquer comunidade política, sobretudo desta cujos limites de construção não estão pré-definidos.

A resposta à questão primeira da problemática da legitimação encontra aqui o nosso modesto contributo, pela absorção de outras experiências científicas e de outros escritos. Depositamos as nossas esperanças na comunidade política em que nos inserimos para que encontre a resposta à questão de segundo grau, no âmbito e limites do mandato democrático e *constitucional*, que a sociedade europeia lhe conferiu. Nas palavras de Poiares Maduro, "*a actual agenda constitucional deveria, consequentemente, focar-se primeiramente na construção da base legitimadora da União através da reforma dos processos políticos nacionais, da construção de uma forma plural de cidadania e da democratização do processo transnacional de decisão*"[134].

---

[134] *Idem*....

## IV
## Breves conclusões

> *Onde se encontra Constituição em sentido material moderno, emerge, pois, Constituição em sentido formal.*
>
> Jorge Miranda
> *Manual de Direito Constitucional*
> *Tomo II*

**A identidade constitucional europeia: a Constituição Europeia e a formatação do *demos europeu***

O momento constitucional deverá revelar-se como momento de consciencialização da pós-modernidade organizacional que a União Europeia representa, alcançado através de um processo em cadeia, gradativo:

1) Fazendo assentar a questão constitucional europeia no constitucionalismo nacional, não superaremos, nunca, a crise de legitimidade social: a União Europeia surge como resposta à crise de legitimidade do Estado-nação, à sua incapacidade para garantir a coesão social, para manter vivos os laços de solidariedade cívica;

2) Paradoxalmente, e porque a União Europeia surge, para os europeus, como o novo paradigma organizacional, próprio da era pós-moderna, a crise de legitimidade do Estado-nação transfere-se para o patamar supranacional;

3) O erro histórico na base da crise de legitimidade europeia, é a atracção pelas bases de sustentação do Estado para explicar

o fenómeno integracionista europeu, a tentativa de explicar a União Europeia através dos velhos clássicos do Estado-nação, fazendo-a caber num território, num povo, numa nação que não existem e que não têm de existir enquanto fontes de legitimação de uma *outra* comunidade política;

4) Na expectativa de dotar a Europa de uma Constituição sem antes encontrar, de facto e de direito, o seu referente, não estaremos a começar pelo fim?

5) Já hoje unida na diversidade, elemento constitutivo de uma «europeianidade», a Europa pós-moderna constrói-se sobre um conjunto de valores-herança irrenunciáveis, presentes desde antes dos medievos tempos europeus;

6) De facto, a dinâmica edificadora europeia, que vai já da *cidadania europeia consequente* à *consciência europeia* e, ambicionamos, será em breve «europeianidade», experiência de identidades acumuladas, é o substrato constituinte da União Europeia. Será, no estádio último, o seu *grupo constituinte*. Só a participação directa deste *demos*, ainda que sem *ethos*, no momento constitucional fará da Constituição Europeia mais do que uma *EUtopia*;

7) Sendo o seu substrato fundacional, reclama da União um *impulso legiferante constitucional* bastante, que, finalmente, associe os povos europeus ao projecto da «europeianidade»;

8) O exercício de um poder constituinte seria o elemento congregador de um *europeismo ético*, instituindo um *demos* com *ethos* Europeu;

9) O exercício desse poder constituinte resultaria num texto constitucional de revisitação ao conceito de Constituição e de constitucionalismo, que, tal *constelação pós-nacional*, representaria um novo paradigma, ao ultrapassar a dicotomia Estado-nação – Constituição;

10) Tal exercício mobilizaria os cidadãos europeus para um debate constitucional que, porque criador de um discurso político comum e de um esforço interpretativo e reinterpretativo dos valores que lhe são inerentes, se coaduna com a natureza dinâmica, aberta e evolutiva da construção Europeia e, consequentemente, da sua Constituição – dando novos contornos ao conceito de *Constituição Viva*;

11) Tal seria a resposta para a questão primeira da problemática da legitimidade, a sua dimensão social – que se prende com a legitimidade da pretensão da União Europeia em existir como comunidade política e com a existência de uma base fundacional que a suporte – cumprindo relembrar que o mandato democrático da União resulta de uma longa evolução da história europeia: partimos da existência prévia da sociedade europeia em relação às nações, e chegámos à comunidade política, à sociedade de cidadania pós-moderna;
12) Uma *Constituição Europeia*, fruto do exercício de um poder constituinte criador, dos povos europeus, tornaria finalmente clara a atribuição, pelos cidadãos europeus, de um mandato democrático à União Europeia;
13) Só através de tal mandato democrático, e da plataforma de debate constitucional criado pelo momento constitucional, a União encontrará em si própria a resposta à questão segunda da problemática da legitimação: os regimes legitimadores, os esquemas de mobilização política, no quadro de uma democracia europeia, à luz de um processo (agora constitucional) de construção que segue na tarefa de redefinir pós--moderna e supranacionalmente um outro elemento tradicional do Estado-nação – o território Europeu;
14) No entanto, a estratégia constitucional adoptada na *Declaração de Laeken sobre o futuro da Europa*, na senda do mandato de Nice – que proclamava a necessidade de uma constituição formal em substituição dos Tratados, que estabelecesse os princípios constitucionais, os direitos fundamentais e o modelo de organização política da União – redundou num esforço constitucional incompleto;
15) Em bom rigor, o *"Tratado que institui uma Constituição para a Europa"* revela-se portador de uma ambiguidade que reflecte o paradoxal binómio que o seu título comporta: quanto à origem, este *Tratado* não resulta do exercício de poderes de uma autoridade normativa, de um *demos*, sendo aqui *Tratado* e não *Constituição*; quanto à forma de poder, estabelece um modelo constitucional de organização política e económica, sendo aqui mais *Constituição* do que *Tratado*;

16) Quanto ao método, a escolha dos Estados-membros, na Conferência Intergovernamental Irlandesa, em 18 de Junho de 2004, não deixa margem para dúvidas ou ilusões *prótoconstitucionais*: estamos perante um tratado internacional, do ponto de vista formal. De conteúdo vincadamente constitucional, herança dos Tratados de Roma e da União Europeia, e da Carta Europeia dos Direitos Fundamentais, que agora se fundem num só texto;

17) Apesar do que ficou dito, o *"Tratado que institui uma Constituição para a Europa"* é um projecto meritório, que acaba por concretizar, ainda que parcialmente, algumas das finalidades adstritas à estratégia constitucional decorrente do mandato de Nice e da Declaração de Laeken. A simples utilização de uma linguagem constitucional, por si só, afirma a importância do momento, representando um pequeno--grande passo para o futuro da Europa;

18) A nossa *EUtopia*, essa, apenas encontrará realização numa verdadeira *Constituição Europeia*. Que materialmente pré--existe – de forma cada vez mais intensa e em reforço crescente – à formalidade socialmente legitimadora;

19) Aos criadores do *"Tratado que institui uma Constituição para a Europa"* pedia-se, no entanto, uma simplificação dos textos dos Tratados fundidos num só instrumento que abrisse portas a uma identificação do cidadão europeu com esta *Constituição-Tratado*;

20) Ainda assim, este momento constitucional contribui para a redescoberta da União Europeia pelos europeus. E os referendos, nos Estados-membros onde a ratificação do Tratado Constitucional siga a via referendária, são promotores do debate e da legitimação social da União;

21) Em suma, não oferecendo solução integral ao défice de adesão social ao projecto Europeu, não sendo a resposta ideal à crise de legitimidade social na União Europeia, este *"Tratado que institui uma Constituição para a Europa"* é um significativo progresso na redefinição das vontades, política e popular, da Europa unida.

# Processos de aprovação do *Tratado que institui uma Constituição para a Europa*

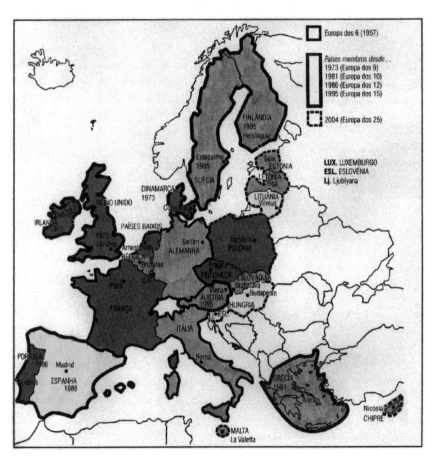

■ – Estados que vão realizar referendos
■ – Estados que vão ratificar o Tratado Constitucional por via parlamentar
■ – Estados que já ratificaram o Tratado Constitucional

"*Evoca-se por todo o lado, e a justo título, a emergência de uma sociedade civil através da vida associativa. Desejamos que esta sociedade civil, aceitando o convite dos grupos de militantes europeus, torne sua esta nobre causa, participe mais empenhadamente nesta aventura colectiva que, aos olhos de muitos historiadores, continua a ser a única grande inovação da segunda metade do século XX. Que não se esqueça que sem a memória do passado, sem as suas ricas e por vezes duras lições, não é possível conceber e construir um futuro permanecendo fiel aos valores universais da paz, da liberdade e da solidariedade...*"

JACQUES DELOIRS
*Memórias*

# REFERÊNCIAS BIBLIOGRÁFICAS

AAVV, *Carta de Direitos Fundamentais da União Europeia*, Coimbra Editora, 2001.
AAVV, *Cidadania e Novos Poderes numa Sociedade Global*, Fundação Calouste Gulbenkian, Dom Quixote, 2000.
AAVV, *Does Europe need a Constitution?*, The Philip Morris Institute for Public Research, June 1996.
AAVV, *L'Europe? L'Europe*, Org. Pascal Ory, Omnibus, 1998.
AAVV, *L'Etat de L'Europe*, Org. François Féron e Armelle Thoraval, La Découverte, 1992.
AAVV, *Portugal e a Constituição Europeia*, Almedina, 2003.
AVV, STVDIA IVRIDICA, "20 Anos da Constituição de 1976", 46, Colloquia 5, Universidade de Coimbra, Coimbra Editora, 2000.
AAVV, *Uma Constituição para a Europa*, Instituto Europeu da Faculdade de Direito de Lisboa, British Council, Goethe-Institut Lissabon, Institut Franco-Portugais, Almedina, 2004.
ALSTON, Philip, *The EU and Human Rights*, Oxford, 1999.
AMATO, Giuliano, "Un coeur fort pour l'Europe", *Harvard Jean Monnet Working Paper*, Harvard Law School, Cambridge, 2000.
ARNULL, A., "Introduction: the European Union´s Accountability and Legitimacy Deficit", *Accountability and Legitimacy in the European Union*, Oxford University Press, 2002.
BADÍA, Juan Ferrando, "Poder y legitimidad", *Revista de estudios políticos*, Madrid, n. 180, Noviembre-Diciembre, 1971.
BADINTER, Robert, *Une Constitution Européenne*, Fayard, 2002.
BEETHAM, David, Lord, Christopher, *Legitimacy and European Union*, London and New York, Longman, 1998.
BERNARD, Nick, *Multilevel Governance in the European Union*, Kluwer Law International, The Hague, 2002.
BRITO, Miguel Nogueira de, "O Patriotismo como Civilidade: Egas Moniz, Maquiavel e as Nações Europeias", *Separata da Revista da Faculdade de Direito da Universidade de Lisboa*, Coimbra Editora, 2001.
CABO, Sérgio Gonçalves do, *A Convenção Europeia – Análise das Principais Questões em Debate* (trabalho elaborado a pedido do Conselho Económico e Social), inédito, 2002.
CAETANO, Marcello, *Manual de Ciência Política e Direito Constitucional*, 6.ª Edição, Revista e ampliada por Miguel Galvão Teles, Tomo I, Almedina, Coimbra, 1996.
CAMPOS, João Mota de, *Manual de Direito Comunitário*, Fundação Calouste Gulbenkian, Lisboa, 2000.

CANOTILHO, Gomes J. J., *Estudos sobre Direitos Fundamentais*, Coimbra Editora, 2004.
  *Direito Constitucional e Teoria da Constituição*, 7.ª Edição, Almedina, 2004.
  *Constituição dirigente e vinculação do legislador: contributo para a compreensão das normas constitucionais programáticas*, 2.ª Edição, Coimbra Editora, 2001.
CASSESE, Sabino, *La crisi dello State*, Editori Laterza, 2002.
CLOSA, Carlos, *Forging European Constitutional Patriotism: Deliberating on the Constitution within the Convention*, 2003.
CLOSA, Carlos, Fossum, John Erik, "Constitution making and democratic legitimacy in the EU", *CIDEL*, Zaragoza Workshop, 2003.
CONSTANTINESCO, Vlad, "La Constitution Économique de la C.E.E.", *Revue Trimestrielle de Droit Européen*, A.13, 1977, n. 2.
CUNHA, Paulo de Pitta e, *A Constituição Europeia, Um olhar crítico sobre o projecto*, 2.ª edição, Almedina, 2004.
  *Direito Institucional da União Europeia*, Almedina, 2004.
  *A integração Europeia no Dobrar do Século*, Almedina, 2003.
DAHL, Robert, *On Democracy*, New Haven, Yale University Press, 1998.
ELÓSEGUI, María, "La inclusión del otro", *Revista de estudios políticos*, n.º 98, Octubre-Diciembre 1997, pág. 59-84.
ERIKSEN, Erik Oddvar e Fossum, John Erik, "Europe in Search of Its Legitimacy, Assessing strategies of legitimation", *Arena Working Paper*, CIDEL, 2003.
FERREIRA, Eduardo Paz, *Direito da Economia*, Lisboa, AAFDL, 2001.
FIGUEIRA, António, *Modelos de Legitimação da União Europeia*, Principia, 2004.
FOSSUM, John Erik, "The Transformation of the Nation-State: Why Compare the EU with Canada?", Working Paper 2003/01, *Francisco Lucas Pires Working Papers Series on European Constitutionalism*, 2003.
FOSSUM, John Erik, Menéndez, Agustín L., "The constitution's gift, A deliberative democratic analysis of the constitution making in the European Union", *CIDEL*, Zaragoza Workshop, June, 2003.
GIDDENS, Anthony, *Capitalism & Modern Social Theory, An analysis of the writings of Marx, Durkheim and Max Weber*, Cambridge University Press, 25th printing, 2003 (orig. 1971).
GOMES, Carla Amado, "A evolução do conceito de soberania, tendências recentes", *Scientia Ivridica – T. XLVII*, 1998, n.º 274/276, pág. 185-212.
  *A Natureza Constitucional do Tratado da União Europeia*, Lex, Lisboa, 1997.
GORJÃO-HENRIQUES, Miguel, *Direito Comunitário*, 2.ª edição, Almedina, 2003.
GRANT, Charles, *What Happens if Britain Votes No? Ten ways out of a European constitutional crisis*, Centre for European Reform, 2005.
GUCHET, Yves e Demaldent, Jean-Marie, *Histoire des idées politiques, Tome 2, De la Révolution française à nos jours*, Armand Colin, Paris, 1996.
HABERMAS, Jurgen, *La inclusión del otro: estudios de teoría política*, Paidós, 1999.
  *Direito e Democracia, entre facticidade e validade*, Vol. I e II, (Trad. Flávio Beno Siebeneichler), Tempo Brasileiro, 1997.
HAMILTON, Alexander, Madison, James, Jay, John, *O Federalista*, (Tradução, introdução e notas de Viriato Soromenho-Marques e João C. S. Duarte), Edições Colibri, 2003.
HARTLEY, Trevor C., *Constitutional Problems of the European Union*, Hart Publishing, 1999.

HOLZINGER, Katharina, Knill, Christoph, "A Constitution for the European Federation: a Steady Development of Existing Achivements", *Harvard Jean Monnet Working Paper*, Harvard Law School, Cambridge, 2000.

JOERGES, Christian, Mény, Yves, Weiler, Joseph, "Prologue: The Fischer Debate – The Bright Side", *Jean Monnet Working Papers*, NYU School of Law, Jean Monnet Center, 2000.

KLUTH, Winfried, *Die Europäische Legitimation der Europäischen Union*, "Schriften zum Europäischen Recht", Tomo 21, Berlim, 1995.

LLOPES, Carrasco, *Constitución Europea: un concepto prematuro – análisis de la jurisprudencia del Tribunal de Justicia de las Comunidades Europeas sobre el concepto de carta constitucional básica*, Tirant lo Blanch, 2002.

LORENTE, Jesús Sebastián, "La idea de Europa en el pensamiento político de Ortega y Gasset", *Revista de Estudios Políticos*, Madrid, Nueva Época, n. 83, Enero-Marzo, 1994.

MADURO, Miguel Poiares, *Where To Look For Legitimacy?*, Paper prepared for the ARENA European Conference 2002: Democracy and Governance in Europe, 4-5 February, Oslo.

"Europa: el momento constituyente", *Revista de Occidente*, Febrero 2002, n.º 249, pág. 73-101.

"O superavit democrático europeu", *Análise Social*, 158/159, Vol. XXXVI, Primavera-Verão de 2001, pág. 119-152.

"A crise existencial do constitucionalismo europeu", *Colectânea de estudos em homenagem a Francisco Lucas Pires*, UAL, 1999, pág. 201-215.

*We, the court, The European Court of Justice and the European Economic Constitution*, Hart Publishing, 1998.

MAGNETTE, Paul, "Coping with constitutional incompatibilities, Bargains and Rhetoric in the Convention on the Future of Europe", *Jean Monnet Working Paper 14/03*, New York University School of Law, 2003.

*La Constitution de l'Europe, Bruxelles*, Université de Bruxelles, 2000.

MARTINS, Ana Maria Guerra, *O Projecto de Constituição Europeia, Contributo para o debate sobre o futuro da União*, 2.ª Edição com as alterações introduzidas pela CIG 2004, Almedina, 2004.

MARTINS, Guilherme D'Oliveira, *O Novo Tratado Constitucional Europeu, Da Convenção à CIG*, Gradiva/Fundação Mário Soares, 2004.

*Que Constituição para a União Europeia? – Análise do Projecto da Convenção*, Gradiva/Fundação Mário Soares, 2003.

MARTINS, J. P. Oliveira, *Fundamentos da Nacionalidade*, Editorial Nova Ática, 2004.

MAUÉS, António G. Moreira (Org.), *Constituição e Democracia*, Max Limonad, São Paulo, 2001.

MENÉNDEZ, Agustín José, "Three conceptions of the European Constitution", *ARENA*, University of Oslo, 2003.

MIRANDA, Jorge, *Teoria do Estado e da Constituição*, Coimbra Editora, 2.ª Edição, 2004.

*Constituição e Cidadania*, Coimbra Editora, 2003.

*Manual de Direito Constitucional*, Tomo I, 9.ª Edição, Coimbra Editora, 2004.

*Manual de Direito Constitucional*, Tomo II, 7.ª Edição, Coimbra Editora, 2004.

MOREIRA, Adriano, *Ciência Política*, Almedina, 2003.

MUNITA R., Enrique, "Ortega y Gasset y el derecho", *Revista de Derecho*, Concepción, a. 58, n. 187, Enero-Junio, 1990.

ORTEGA Y GASSET, *Europa y la Idea de Nación (Y Otros Ensayos sobre Problemas del Hombre Contemporáneo)*, Alianza Editorial, Madrid, 1998.

PASQUINO, Gianfranco, *Curso de Ciência Política*, Principia, 1.ª Edição, 2002.

PEREIRA, André Gonçalves, Quadros, Fausto de, *Manual de Direito Internacional Público*, 3.ª Edição, Revista e Aumentada, Almedina, 2002.

PÉREZ-BUSTAMANTE, Rogelio e Colsa, Juan Manuel Uruburu, *História da União Europeia*, Coimbra Editora, 2004.

PIRES, Francisco Lucas, *Amsterdão, Do Mercado à Sociedade Europeia?*, Principia, 1998.
*Introdução ao Direito Constitucional Europeu*, Almedina, Coimbra, 1997.
"Da Europa Económica à Europa Política", *A Europa Após Maastricht*, INCM, Lisboa, 1992.

PIRIS, Jean-Claude, "Does the European Union have a Constitution? Does it need one?", *Harvard Jean Monnet Working Paper 5/00*, 2000.

QUADROS, Fausto de, "O conteúdo e os valores da Constituição Europeia", *Uma Constituição para a Europa*, Instituto Europeu da Faculdade de Direito de Lisboa, British Council, Goethe-Institut Lissabon, Institut Franco-Portugais, Almedina, 2004.
*Direito da União Europeia*, Almedina, 2004.
*O Princípio da subsidiariedade no Direito Comunitário Após o Tratado da União Europeia*, Almedina, Coimbra, 1995.
*Direito das Comunidades Europeias e Direito Internacional Público, Contributo para o estudo da natureza jurídica do Direito Comunitário Europeu*, Almedina, Lisboa, 1991.

ROGEIRO, Nuno, *Constituição dos EUA, Anotada e Seguida de Estudo sobre o Sistema Constitucional dos Estados Unidos*, Gradiva, 1993.

ROUSSEAU, Jean-Jacques, *O Contrato Social*, (Trad. Leonardo Pereira Brum), Publicações Europa-América, 2003.

RUBIO, Ricardo Medina, "La antropologia del poder en Ortega y Gasset", *Revista de Estúdios Políticos*, Madrid, n. 211, Enero-Febrero, 1977.

RUIPÉREZ, Javier, *La Constitución europea y la teoría del poder constituyente: algunas reflexiones críticas desde el derecho político*, Madrid, Nueva, 2000.

SIDJANSKI, Dusan, *Para um Federalismo Europeu*, Principia, 2001.

SMERDEL, Branko, "Convention on the future of Europe and the process of constitutional choice", Working Paper 2003/02 *Francisco Lucas Pires Working Papers Series on European Constitutionalism*, 2003.

SOARES, Rogério, "Constituição", *Dicionário da Administração Pública*, II, Coimbra, 1972.

SOROMENHO-MARQUES, Viriato, *A Revolução Federal, Filosofia política e debate constitucional na fundação dos E.U.A.*, Edições Colibri, Fórum de Ideias, 2002.
*A Era da Cidadania – De Maquiavel a Jefferson*, Publicações Europa-América, 1996.

TAVARES, José F. F., "O federalismo – sua caracterização. Contributo para o estudo da natureza da União Europeia e das Comunidades Europeias", *Estudos de Administração e Finanças Públicas*, Almedina, 2004.
*O Tribunal de Contas, Do Visto, Em Especial – Conceito, Natureza e Enquadramento na Actividade de Administração*, Almedina, 1998.

TELÓ, Mario, "Démocratie internationale et Démocratie supranationale", *Démocratie et Construction Européenne*, Bruxelles, 1995.
WEBER, Max, *Três Tipos de Poder e Outros Escritos*, (Trad. Artur Morão), Tribuna, 2005.
WEILER, J. H. H. (editor), *Integration in an Expanding European Union, Reassessing the Fundamentals*, Blackwell Publishing, 2003.
WALKER, Neil, "The Idea of a European Constitution and the *Finalité* of Integration" Working Paper 2002/01, *Francisco Lucas Pires Working Papers Series on European Constitutionalism*, 2002.
VELASCO, Manuel Diez de, *Las Organizaciones Internacionales*, Duodécima Edición, Tecnos, 2002.
VIOLINI, Lorenza, "Prime considerazione sul concettto di Costituzione europea alla luce dei contenutti delle vigente Corte Costituzionale", *Rivista Italiana di Diritto Púbblico, Milano*, n.° 6, 1999.
ZIPPELIUS, Reinhold, *Teoria Geral do Estado*, 3.ª Edição, (Trad. Karin Praefke- Aires Coutinho), Fundação Calouste Gulbenkian, 1997.

# INDÍCE

**I – Legitimidade em crise** .................................................................................. 19
   1. A crise de legitimidade: porquê uma Constituição Europeia? ..................... 19
   2. A União Europeia e a redefinição de conceitos clássicos ........................... 21
      2.1. A crise do Estado-nação como processo histórica e culturalmente condicionado – aproximação à compósita sociedade europeia .............. 23
      2.2. A revisitação do conceito de legitimidade e a crise de legitimidade social europeia ............................................................................... 26
      2.3. A crise de legitimidade social e o debate pré-constitucional ............. 32
   3. *EUtopia* constitucional? ............................................................................. 39

**II – Legitimidade e Povo** ................................................................................... 43
   1. Duas ideias de Europa: a formatação histórica dos percursos dos povos europeus segundo Ortega y Gasset e Habermas ............................................. 43
      1.1. *Europa e a ideia de Nação* de Ortega y Gasset: a existência prévia da sociedade europeia em relação às nações ............................................. 45
      1.2. O *patriotismo constitucional* e *a constelação pós-nacional* de Habermas ........................................................................................ 49
   2. Povo Europeu ou *demos* sem *ethnos*: o mandato democrático da União ...... 56
   3. A Cidadania pós-moderna: consciência, identidade e «europeianidade» – um *grupo constituinte* europeu? ................................................................. 59

**III – Legitimidade e Constituição** .................................................................... 69
   1. A Europa pré-constitucional – referências temporais de médio prazo .......... 69
   2. Legitimidade e estratégia: a prioridade da legitimação social face à legitimação democrática ............................................................................................. 71
   3. As estratégias em debate ............................................................................ 73
   4. A estratégia constitucional ......................................................................... 75
      4.1. Linguagem constitucional ................................................................ 78
      4.2. Exercício do poder constituinte ........................................................ 79
   5. A nossa *EUtopia*: a «europeianidade» ...................................................... 83

**IV – Breves conclusões** .................................................................................... 85
   A identidade constitucional europeia: a Constituição Europeia e a formatação do *demos europeu* ........................................................................................ 85

**V – Referências bibliográficas** ........................................................................ 93